Barbara Meister Vitale

Lernen kann phantastisch sein

kinderleicht, kindgerecht, kreativ

Barbara Meister Vitale

Lernen kann phantastisch sein

kinderleicht, kindgerecht, kreativ

10. Auflage

Titel der Originalausgabe:
UNICORNS ARE REAL
A Right-Brained-Approach to Learning
Verlag Jalmar Press, CA, USA

Die Deutsche Bibliothek - CIP-Einheitsaufnahme

Vitale, Barbara Meister:
Lernen kann phantastisch sein / Barbara Meister Vitale. (Aus dem Amerikan. übers. von
Claudia vom Baur. Photos: Silvia Zulauf). - 10. Aufl. - Offenbach : GABAL, 2000
Einheitssacht.: Unicorns are real ‹dt.›
ISBN 3-89749-453-1

10. Auflage

Aus dem Amerikanischen übersetzt von Claudia vom Baur

Titelillustration: G.E.L.D. Kreation, Bremen
Cover: Axel Gross, Bremen
Satz und Gestaltung: Marion Hembach, Berlin
Herstellung: Claus Magiera, Berlin
Grafik: Jaqueline Lamer Lockwood
Lektorat und Photos: Silvia Zulauf
Druck und Verarbeitung: Richard Bretschneider GmbH, Braunschweig

© 1982 by Barbara Meister Vitale
© 1995 für die deutsche Ausgabe by GABAL Verlag GmbH, Offenbach

Verlagsinformationen:
GABAL Verlag GmbH, Schumannstr. 155, 63069 Offenbach
www.gabal-verlag.de, info@gabal-verlag.de

Bild 2 und Bild 3 abgedruckt mit freundlicher Genehmigung der Spektrum der Wissenschaft Verlagsgesellschaft mbH
& Co. aus "Gehirn und Nervensystem", Heidelberg 1979 (Norman Geschwind "Die Großhirnrinde" sowie David H.
Hubel und Torsten N. Wiesel "Die Verarbeitung visueller Informationen").
Die Zitate von Hugh Prather entstammen seinem Buch "Notes to Myself", erschienen im Verlag Real People Press. Alle
Rechte vorbehalten.
Das Gedicht "Imagination" erscheint mit freundlicher Genehmigung von V. Bassett. Alle Rechte vorbehalten.

FÜR

meine Lehrer, die an mich glaubten -

Walter Grosh
und
Evelyn Brunner,

meine Großmutter, die mich zu lieben lehrte,

Fanny McNeil

und für Gott.

DANKSAGUNGEN

Ich möchte allen meinen Freunden und Mitarbeitern danken, die an die Existenz von Einhörnern* glauben.

Mein besonderer Dank geht an Joan McCabe, die meine Rechtschreibung und meine Grammatik korrigierte, an Sharon Kaidor, die das Manuskript öfter abtippte, als sie sich zu erinnern wagt, an Suzanne Mikesell, meine Verlegerin, an Ron Brandt für seine Freundschaft und für seine Rolle als des Teufels Advokat und an Louis Vitale, der all das überlebt hat.

Insbesondere bedanke ich mich bei:

Palm Beach Country School System
Dr. William Drainer
William Myers
Dr. Phil Dagostino
Dr. Sylvia Richardson
Dr. Ronald Cantwell

Greater Cincinnati Association for Children
With Learning Disabilities (ACLD)
Unity Elementary School, West Palm Beach, Florida

Der Gabal Verlag bedankt sich bei:
Janine
Björn
Nadine
Daniel
Benjamin
Jörg
und Erik

für ihre Geduld und aktive Beteiligung beim Fotografieren.

---

*... Im amerikanischen Original heißt das Buch "Unicorns are real". Unicorns, das sind Einhörner, Fabelwesen aus Kindermärchen, eben für Kinder auf ihre Weise auch eine Realität.

VORWORT

Viele Kinder lernen in der Schule nichts oder haben Schwierigkeiten, die neuen Konzepte, so wie sie in der Schule gelehrt werden, zu verstehen. Als ihre Eltern und Lehrer sollten wir ihr Desinteresse, ihre Verwirrung und ihren Verständnismangel als Signale dafür erkennen, daß unsere Unterrichtsmethoden - aus welchem Grund auch immer - nicht richtig sind. Wir müssen uns fragen: "Warum erreicht der Lehrstoff nicht den Schüler?" anstatt: "Warum begreift der Schüler den Lernstoff nicht?" Es macht tatsächlich einen großen Unterschied, wie wir das Problem formulieren: Im ersten Fall suchen wir das Problem im Schüler, im zweiten dagegen in der Methode.

Barbara Meister Vitale begegnet jedem Schüler mit Respekt und Würde. In ihrem Buch *Lernen kann phantastisch sein* hilft sie uns, der inneren Leistungsfähigkeit unseres Geistes zu vertrauen, gleichgültig, ob der Lernende jung oder alt ist. Barbara Meister Vitale's Arbeitsmethode unterstützt jeden, der sich in ein neues Wissensgebiet einarbeiten will - ganz gleich, ob in seiner Elternrolle, als Lehrer oder als jemand, der selbst mit Schwierigkeiten beim Lernen zu kämpfen hat. Alles, was für Ihren Erfolg notwendig ist, tragen Sie bereits in sich. Wenn Sie bisher auf Lernprobleme gestoßen sind, liegt es vielleicht daran, daß keine der bisherigen Unterrichtsmethoden die Elemente enthielt, die Sie benötigen, um neue Ideen zu integrieren, eigene Ideen zu entwickeln oder ein neues Gebiet zu beherrschen.

Jeder Mensch besitzt rechtshemisphärische und linkshemisphärische Fähigkeiten und Bewußtseinszustände. Sie arbeiten fast immer in einer sehr gut koordinierten Art und Weise zusammen. Wirklich lebendiges, dauerhaftes Lernen bedarf immer der Beteiligung *beider* Seiten. Während eine der Stärken des linken Gehirns vor allem darin liegt, Informationen zu ordnen und zu strukturieren, so verdanken wir andererseits der rechten Hälfte unsere plötzlichen Ideen und die tieferen Einsichten in Zusammenhänge. Die Lehrpläne und viele Unterrichtsmethoden an unseren Schulen dagegen sind nach den Erfahrungen der Autorin übermäßig linkshirnorientiert, was zur Folge hat, daß rechtshirnorientierte Kinder und diejenigen, die ganzheitlich denken, in ihrer Entwicklung behindert werden. *Lernen kann phantastisch sein* will diesen Kindern und Ihnen helfen, dieses Ungleichgewicht mit ungewöhnlichen Methoden wieder auszubalancieren.

Jalmar Press

INHALT

Die Phantasie ist ein Einhorn,
das uns von den irdischen Fesseln,
die den Geist begrenzen,
befreit.
Sie trägt uns auf phantastischen Flügeln an
einen Ort,
an dem die Träume wahr werden.

V. Basset

EINFÜHRUNG

Ich war ein lernbehindertes Kind und wurde während der ersten vier Schuljahre als "langsam" abgestempelt. Bis zum Alter von zwölf Jahren konnte ich nicht lesen. Noch heute unterlaufen mir schwerwiegende Wortverdrehungen.

Kürzlich erkundigte ich mich in einem Geschäft nach der "Radfahr-Abteilung". Glücklicherweise verstand der Verkäufer meine Verdrehung und ich kaufte mir ein leuchtendrotes Drei-Gang-Fahrrad.

Lassen Sie sich nicht verwirren, wenn Ihnen manchmal mein Buch etwas unverständlich erscheint. Auch die äußere Zusammenstellung und die Worte scheinen nicht immer zusammenzupassen. Gelegentlich rutschen mir einfach die falschen Ausdrücke dazwischen, wenn ich schreibe.

Manchmal sehe ich alles doppelt und bringe die Reihenfolge der Wörter durcheinander, ohne daß ich das merke. Ich beherrsche nicht einmal richtig die Rechtschreibung. Also ignorieren Sie alle Rechtschreibfehler - es sei denn, mein Verleger hat sie korrigiert.

Abgesehen von diesen Problemen geht es mir sehr gut.

Ich hatte Glück! In der 5. Klasse wurde eine wunderbare Lehrerin auf mich aufmerksam. Sie glaubte an mich. Und sie half mir, an mich selbst zu glauben. Sie erklärte mir, daß meine Denkweise nicht nur anders, sondern besonders sei. Und sie brachte mir das Lesen bei! Sie gab mir nicht das Lesebuch in die Hand oder steckte mich in eine Lesegruppe, sondern ließ mich meine eigenen Bücher aussuchen. Ich entschied mich für Grimms Märchen. Sie waren zwar zu schwierig, aber das ließ mich meine Lehrerin nicht wissen. Wir lernten ein Wort nach dem anderen, bis ich eine ganze Geschichte lesen konnte. Sie ließ mich auch ein Sammelalbum herstellen von der Gegend, die ich auf der Welt am liebsten besuchen würde. Ich entschied mich für den Bundesstaat Washington, mit seinen herrlichen Bergen und üppigen Tälern. Ich lernte die Worte unter jedem Bild in meinem Album zu lesen. Noch heute erinnere ich mich an die Freude, die ich dabei empfand.

Später, im Gymnasium, half mir meine Englischlehrerin, meine kreativen Fähigkeiten zu entwickeln und meine Talente zu entdecken. Sie ermutigte mich zum Schreiben und akzeptierte meine Gedichte und Geschichten, ohne die Rechtschreibung zu verbessern. Sie lachte auch nicht, als ich stolz vor der Literaturklasse stand und ein Referat über meinen Lieblingsautor "ANON", eine Abkürzung für Anonymus, hielt.

Viele Erzieher und Fachärzte sind der Meinung, daß Lernschwierigkeiten unter Umständen vererbbar sein können. Die Vererbung jedenfalls meiner Lernproblematik kann ich bezeugen. Meine Tochter, heute 23 Jahre alt, kann immer noch nicht rechts von links unterscheiden. Als ich ihr den Weg zum Strand erklärte, etwa zehn Kilometer von meinem Haus entfernt, fand sie sich beinahe in der Mitte des Staates wieder. Mein Sohn ist hyperaktiv und begabt; genau der Typ, der eine Mutter an die Decke bringt, und leidet unter vielen Allergien. Selbst heute, als 20jähriger bringt er seine Mutter noch unter die Decke.

Aus eigenen Erfahrungen mit Lernschwierigkeiten als Kind und als Mutter weiß ich, wie sehr Kinder darunter leiden, wenn sie ihre Zeit absitzen und dabei nichts lernen.

In den letzten Jahren wurden diese Kinder von einigen Experten Alpha-Kinder genannt, als ausgeprägt rechtshirnig und ungewöhnlich kreativ beschrieben. Jüngste Forschungen über die Entwicklung und Spezialisierung des Gehirns haben neue Türen zum Verständnis darüber geöffnet, wie einige Kinder lernen. Viele glauben, daß uns die Erkenntnisse über Lateralität und Hemisphärenspezialisierung wichtige Hinweise für einen neuen Umgang mit Kindern zu Hause und in der Schule geben.

Die heutige Erziehung wird zum großen Teil weiterhin von linkshirnorientierten Lehrplänen bestimmt. Seitdem die medizinische Forschung mehr Kenntnisse über das menschliche Gehirn hat und wir langsam beginnen, ihre Bedeutung für unsere Kinder zu verstehen, zeichnen sich kleine Veränderungen ab. Eltern stellen Fragen, sowohl Eltern als auch Lehrer besuchen Seminare, und einige Schulsysteme nehmen neue Ideen in ihre Lehrpläne auf. Trotz dieser erfreulichen Tatsache besteht weiterhin ein großes Problem: Die meisten Universitäten lehren linkshirnorientierte Unterrichtsmethoden und bilden linkshirnorientierte Lehrkräfte aus. Viele der intuitiven, begabten Lehrer halten es dort nicht aus und wenden sich anderen Bereichen zu. Und diejenigen, die bleiben, finden es meist einfacher, sich dem System anzupassen als es zu bekämpfen. Hinzu kommt, daß die heutigen Eltern das gleiche Erziehungssystem hinter sich haben. Viele verstehen ihre eigenen Kinder nicht und messen sie an dem, was ihnen selbst beigebracht wurde.

Es gibt schon einige Bücher über die Folgen, die generell aus den Forschungen über die Hemisphärenspezialisierung zu ziehen sind. Eltern und Lehrer können aber meiner Meinung nach mehr von Informationen profitieren, die sich (auf der

Grundlage dieser Erkenntnisse) speziell mit dem Unterrichtsstoff auseinanderset-zen, den unsere Kinder beherrschen müssen, um in unserem Erziehungssystem erfolgreich zu sein. Wir sollten Forschungsergebnisse besser unter dem Aspekt betrachten, was sie darüber aussagen, *wie Kinder lernen*, als darüber, *warum sie nicht lernen.* Es ist wichtig zu verstehen, daß Kinder auf vielen verschiedenen Wegen Informationen verarbeiten und lernen. Mit Hilfe von Untersuchungen über hemisphärische Spezialisierung und Dominanz sowie durch das Erkennen individueller Denkmuster können wir Lehrmethoden entwickeln, die den Bedürf-nissen jedes Kindes gerecht werden.

Obwohl das Grundproblem in unserem gesamten Erziehungssystem liegt, kann dies keine Entschuldigung dafür sein, den Bedürfnissen der Kinder nicht gerecht zu werden. Die Verantwortung dafür, daß unsere Kinder die Möglichkeit erhalten, auch mit ihrem rechten Gehirn genügend Erfahrungen sammeln zu können, liegt nicht nur bei den Lehrern, sondern auch bei uns Eltern. Indem wir unsere Wahrnehmung und unser Verständnis von den unterschiedlichen Bewußtseins-zuständen des rechten und des linken Gehirns entwickeln, können wir die Fähig-keiten der nonverbalen Hemisphäre respektieren und schätzen lernen.

Ermutigen Sie Ihre Kinder, verschiedene Lernmethoden auszuprobieren. Als Eltern und Lehrer können wir mit ihnen lernen.

Eine Theorie ist eine Theorie, keine Realität. Alles, was eine Theorie vermag, ist, mich an bestimmte Gedanken zu erinnern, die einmal Teil meiner Realität waren.

Hugh Prather

I

DIE SPEZIALISIERUNG DER HEMISPHÄREN

Unser Großhirn, äußerlich nicht viel komplizierter als das Innere einer Walnuß, ist doch komplexer und leistungsfähiger als der hochentwickeltste Computer. Es wiegt etwa drei Pfund und besteht aus zwei Hälften: der rechten und der linken Hemisphäre. Diese beiden Hemisphären sind durch ein Nervenbündel, das Corpus callosum, miteinander verbunden. Das Corpus callosum integriert die unterschiedlichen Funktionen beider Gehirnhälften (Bild 1), es ermöglicht die Kommunikation zwischen ihnen sowie die Überleitung von Erinnerungs- und Lerninhalten.

Auf den ersten Blick gleichen sich die nebeneinanderliegenden Gehirnhälften wie Spiegelbilder. Ihre Organisation weist jedoch deutliche strukturelle und funktionelle Unterschiede auf. Aus der ober-

flächlichen Symmetrie wird eine innere Asymmetrie.

Von oben betrachtet verlaufen auf beiden Seiten des Großhirns in symmetrischer Anordnung zunächst die weiträumigen Areale der motorischen, dann der sensorischen Rindenfelder. In den sensorischen Regionen werden Informationen der Hautnerven, von den Knochen, Gelenken und Muskeln des Körpers und von seinen Bewegungen im Raum empfangen und verarbeitet. Diese Gebiete sind zuständig für die haptischen Erfahrungen. Sowohl im motorischen wie im sensorischen Bereich herrscht eine klare wechselseitige Symmetrie. Die linke Gehirnhälfte kontrolliert z.B. die rechte Hand und den rechten Fuß, die rechte Gehirnhälfte die linke Hand und den linken Fuß.

1

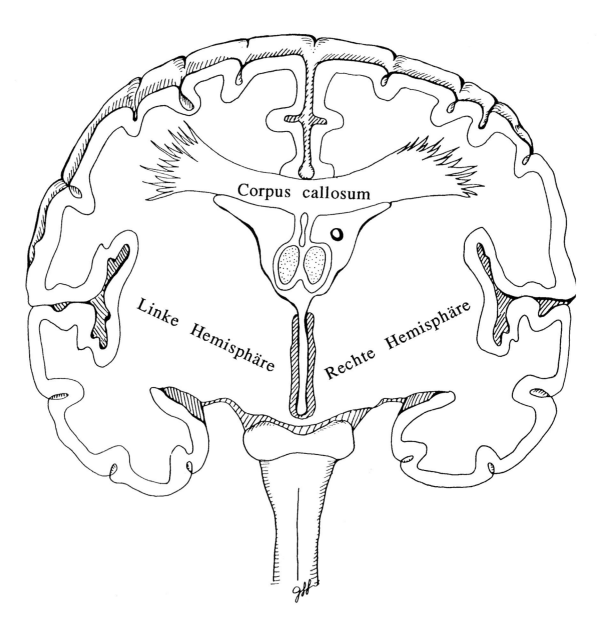

Bild 1 Das Corpus Callosum ist der Nervenstrang,
der beide Gehirnhälften miteinander verbindet.

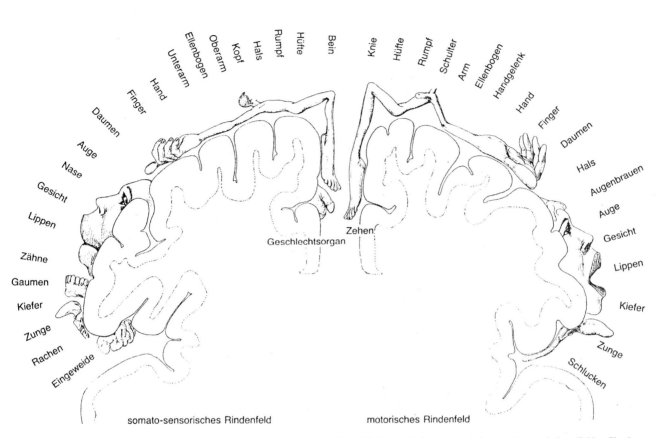

Finger · Hand · Unterarm · Ellenbogen · Oberarm · Kopf · Hals · Rumpf · Hüfte · Bein · Knie · Hüfte · Rumpf · Schulter · Arm · Ellenbogen · Handgelenk · Hand

Daumen · Auge · Nase · Gesicht · Lippen · Zähne · Gaumen · Kiefer · Zunge · Rachen · Eingeweide

Finger · Daumen · Hals · Augenbrauen · Auge · Gesicht · Lippen · Kiefer · Zunge · Schlucken

Zehen
Geschlechtsorgan

somato-sensorisches Rindenfeld   motorisches Rindenfeld

Bild 2: Im somato-sensorischen Feld der Großhirnrinde (links im Querschnitt) treffen die Signale ein, die die Sinnesorgane des Körpers zum Gehirn schicken. Das motorische Rindenfeld (rechts im Querschnitt) steuert die Körperbewegungen. Da jedem Körperteil ein bestimmter Bereich dieser Rindenfelder zugeordnet ist, kann der gesamte Körper auf die Hirnoberfläche projiziert werden. Dabei entsteht in jedem Rindenfeld ein „Homunculus", das heißt ein verzerrtes Bild des Menschen. Die Verzerrung kommt dadurch zustande, daß die Größe des Rindenfeldes, das einem Körperteil zugeordnet ist, nicht der Größe dieses Körperteils entspricht, sondern der Präzision, mit der er gesteuert werden muß. Beim Menschen sind die motorischen und sensorischen Felder für das Gesicht und die Hände besonders groß. Die hier wiedergegebenen Querschnitte zeigen jeweils nur eine Hälfte des Rindenfeldes: das linke somato-sensorische Feld, das Informationen von der rechten Körperhälfte erhält, und das rechte motorische Feld, das die Bewegungen der linken Körperhälfte lenkt.

Es sind jedem Teilgebiet der Hirnrinde aufgrund der hochgradigen Spezialisierung ganz bestimmte Körperteile zuzuordnen (Bild 2).

Das sensorische Rindenfeld enthält als wichtigste Regionen das Seh- und Hörzentrum. Das Sehzentrum nimmt visuelle Eindrücke auf. Es befindet sich am Hinterkopf, knapp oberhalb des Hirnstamms, und ist symmetrisch auf beide Hemisphären verteilt. Informationen, die beide Augen aus der linken Seite des Sehbereichs aufnehmen, werden

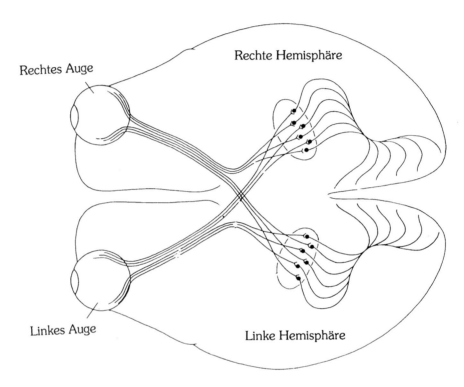

Bild 3 Der Weg der visuellen Informationen
© Spektrum der Wissenschaft

zur rechten Hemisphäre, Informationen des rechten Gesichtsfeldes zur linken Hemisphäre geleitet. Obwohl jede Gehirnhälfte Informationen von beiden Seiten des Gesichtsfeldes empfängt, dominiert meistens ein Auge, indem es einen größeren Teil der visuellen Informationen an die stärker ausgeprägte Gehirnhälfte weiterleitet. Das rechte Auge sendet mehr Informationen an

die linke Hemisphäre, das linke Auge sendet mehr Informationen an die rechte. Als dominante Hemisphäre wird diejenige bezeichnet, die häufiger reagiert oder die sich bei der Verarbeitung von Informationen stärker durchsetzt. (Bild 3)

Die sensorischen Reize, die in das rechte und linke Ohr eindringen, werden unmittelbar zu beiden Gehirnhälften weitergeleitet. Aber auch hier überwiegt meistens die Weiterleitung an die jeweils gegenüberliegende Seite, da die Weiterleitung in dieselbe Seite in der Regel unterdrückt wird. Wie bereits gesagt, ist die Symmetrie des Gehirns nur äußerlich.

Viele andere, speziellere Funktionen scheinen jeweils in einer der beiden Gehirnhälften lokalisiert zu sein. So befindet sich das Broca' sche oder motorische Sprachzentrum und das Hörzentrum mit dem dahinterliegenden akustischen Gedächtnis in der linken

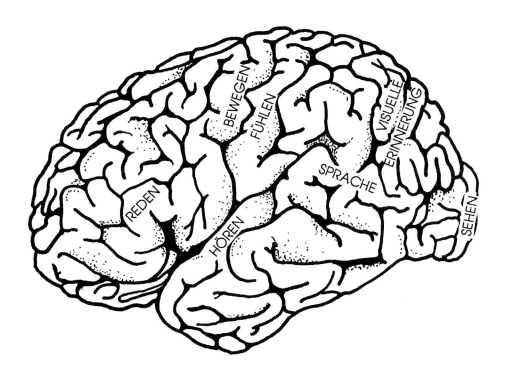

Bild 4 Die linke Hemisphäre mit Angabe verschiedener Funktionsbereiche

Gehirnhälfte direkt über dem Ohr. Das Wernicke' sche oder sensorische Sprachzentrum dagegen kann sich in jeder der beiden Hemisphären entwickeln. Bei den meisten Menschen ist es allerdings ebenfalls in der linken Gehirnhälfte angesiedelt (Bild 4).

Doch bevor wir den Anatomie-Unterricht fortsetzen, sollten Sie bei folgen-

der Übung eine amüsante Erfahrung mit Ihrem Gehirn machen. Schließen Sie Ihre Augen und stellen Sie sich ein Schokoladeneis vor. Können Sie das Bild an einer bestimmten Stelle ihres Kopfes wahrnehmen? Berühren Sie mit Ihrer Hand diese Stelle. Wenn Sie nichts sehen können, versuchen Sie es mit einem anderen Bild. Funktioniert auch das nicht? Dann versu-

5

chen Sie, das Wort "Schokoladeneis" zu hören und legen Sie jetzt Ihre Hand auf die Stelle, wo Sie das Wort wahrnehmen. Öffnen Sie die Augen.

Durch diese Übung werden Sie sich Ihrer visuellen und auditiven Bezugszonen bewußt. Das Hören wird im allgemeinen oberhalb des linken Ohres wahrgenommen, das Sehen in der Mitte der Stirn oder geringfügig rechts davon, und das haptische oder motorisch-sensorische Bewußtsein auf der Scheitellinie des Kopfes.

Wenn Sie die oben beschriebenen Übungen in einer Gruppe durchführen, werden Sie feststellen, wie unterschiedlich die Gehirnmuster der Teilnehmer angelegt sind. Einige Menschen erleben die Visualisation in der Stirnregion, andere leicht rechts davon, und wieder andere können gar keine Wahrnehmung lokalisieren.

Menschen, die sehr gut visualisieren können, verarbeiten Informationen gewöhnlich in der rechten Hemisphäre. Sie werden als *visuelle Lerntypen* bezeichnet. *Auditive Lerntypen* dagegen lernen vor allem durch Gehörtes, das sie in der linken Gehirnhälfte verarbeiten. Wer seine Wahrnehmung gar nicht lokalisieren kann, gehört zur Gruppe der *haptischen Lerntypen* - sie lernen durch Erfahrung. Ich habe festgestellt, daß diese Menschen entweder überwiegend rechtshemisphärisch sind oder ständig von der einen Gehirnhälfte zur anderen wechseln.

Wenn wir in diesem Buch von einer rechts- oder linkshemisphärischen Person sprechen, beziehen wir uns damit auf das von ihr bevorzugte Lernverhalten, welches auf den funktionellen Unterschieden der Hemisphären beruht.

Über die Ursachen und die Entwicklung der Spezialisierung beider Hemisphären existieren unterschiedliche Theorien. Eine Theorie geht davon aus, daß sich die Gehirnhälften bis zum Alter von vier Jahren symmetrisch entwickeln. Beide Gehirnhälften enthalten bis zu diesem Alter die gleichen Funktionen, sie spiegeln sich sozusagen wider. Erleidet ein Kind vor seinem vierten Lebensjahr eine Gehirnverletzung, kann die unverletzte Gehirnhälfte die Funktionen der verletzten Hälfte übernehmen und das Kind entwickelt sich normal weiter. Ab dem vierten Lebensjahr beginnt die Spezialisierung der Hemisphären. Die Gehirnhälften entwickeln unterschiedliche kognitive Fähigkeiten. Diese Spezialisierung schließt im Alter von fünf Jahren ab.

Jetzt beginnt die laterale Zusammenarbeit ("Lateralisation"). Beide Gehirnhälften fangen an, sich gegenseitig zu beeinflussen. Das Kind kann nun eine im linken Blickfeld aufgenommene Information, die zunächst in die rechte Hemisphäre und von hier aus in die linke Hemisphäre geleitet wird, mit der linken Hemisphäre interpretieren und auf praktischer oder intellektueller Ebene damit umgehen. Anhänger dieser Theorie sind der

Meinung, daß die Lateralisation erst im Alter von neun Jahren abgeschlossen ist, obwohl eine funktionelle Spezialisierung bereits im Kindergartenalter erreicht wird.

Eine zweite Theorie besagt, daß die Lateralisation der Hemisphären, ihre Dominanzausprägung und die funktionelle Spezialisierung bereits vor oder zum Zeitpunkt der Geburt festgelegt sind. Die graduelle Aktivierung der spezialisierten Funktionen beginnt dieser Theorie zufolge, sobald das Kind den Umweltreizen ausgesetzt ist. Eine Lateralität kann erst im Alter von fünf oder sechs Jahren festgestellt werden, wenn sich die neurale Verbindung zwischen beiden Gehirnhälften (Corpus callosum) vollständig entwickelt hat. Spezialisierung und Lateralisierung werden erst im Alter von neun Jahren als vollendet angesehen.

Eine dritte Theorie nimmt an, daß die Lateralisation für Sprache bereits zum Zeitpunkt der Geburt vorhanden ist, die Spezialisierung anderer Gehirnfunktionen sich jedoch erst mit der Zeit entwickelt und erst mit der Pubertät abschließend ausgeprägt ist.

Vielleicht sind alle diese Theorien richtig. Das Potential für die hemisphärische Spezialisierung der Sprache könnte sowohl vor als auch zur Zeit der Geburt vorhanden sein, während sich andere Spezialisierungen erst mit der wachsenden Lebenserfahrung und Reife des Kindes entwickeln. Möglicherweise vollzieht sich die Spezialisierung während verschiedener

Entwicklungsstadien, beginnend mit den ersten Sprechversuchen des Kindes. Das nächste Stadium wäre dann ungefähr im Alter von fünf Jahren erreicht, wenn das Kind beginnt, symbolische Darstellungen zu begreifen und seine Handdominanz entwickelt. Die Entwicklung schließt dann während der Pubertät mit der vollständigen Spezialisierung ab.

Oder ist alles doch ganz anders?

Ungeachtet dieser Theorien haben viele Lehrer und Eltern beobachtet, daß fünfjährige Kinder beim Malen, Schneiden oder Spielen ständig ihre Hand wechseln. Viele Lehrer haben die Erfahrung gemacht, daß Kinder, die im Kindergarten Schwierigkeiten mit dem Erlernen von bestimmten Fähigkeiten und Begriffen hatten, im Alter von neun Jahren oft zu den guten Schülern zählen.

Viele Kinder haben beim Eintritt in den Kindergarten noch keine Bewegungs- oder Handdominanz entwickelt, denn ihre Hemisphären befinden sich noch im Entwicklungsprozeß der Spezialisierung oder Lateralisierung. Fünfjährige und selbst Sechsjährige sind oft noch nicht fähig, alle die im Lehrplan geforderten Aufgaben zu bewältigen. Bis zur dritten Klasse sind Kinder gewöhnlich nicht in der Lage, rein abstrakte Informationen zu verarbeiten.

Die meisten kleinen Kinder können die Schriftsymbolik und unseren abstrakten Lehrstil nicht verstehen. Sie

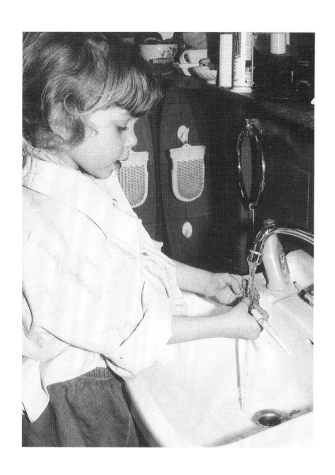

**Kinder lernen durch
Erfahrungen: indem sie
etwas unternehmen, machen,
bewegen, berühren und
ganz in etwas aufgehen**

antworten uns zwar und können Lernstoff wiedergeben, haben diesen aber innerlich gar nicht verarbeitet und verstanden. Denn sie lernen durch Erfahrung, durch den praktischen Umgang mit Dingen, und brauchen Zeit für ihre Entwicklung und Reifung.

Viele Jahre hindurch wurde angenommen, daß bei allen Menschen die dominante linke Hemisphäre für die Sprache zuständig sein müsse. Dieses Konzept ist jedoch nicht mehr gültig, seitdem nach neuen Forschungen bei einigen Menschen die Sprachdominanz in der rechten Hemisphäre lokalisiert werden konnte. Wenn ich von der dominanten Hemisphäre spreche, meine ich diejenige Gehirnhälfte, die für die Ausführung der meisten Aufgaben benutzt wird - also die aktivere Hälfte.

Jeder von uns benutzt beide Gehirnhälften, doch wahrscheinlich benutzen wir eine der beiden mehr. Wenn bei Ihnen beispielsweise die rechte Hemisphäre dominiert, heißt das, daß diese bevorzugt benutzt wird und entsprechend stärker ausgeprägt ist. Der größte Teil an Informationen wird zuerst von dieser Hemisphäre verarbeitet. Das bedeutet jedoch nicht, daß Sie Ihre linke Hemisphäre gar nicht benutzen, sondern beispielsweise zu 60 Prozent mit Ihrer rechten und zu 40 Prozent mit Ihrer linken Gehirnhälfte arbeiten. Rechtshirn- oder linkshirndominante Kinder benutzen also nicht

ausschließlich die eine Hemisphäre, sondern geben ihr lediglich den Vorzug.

Am besten wäre es natürlich, wenn jeweils die Gehirnhälfte bei einer bestimmten Aufgabe aktiv würde, für die sie die besseren Voraussetzungen mitbringt. Bedauerlicherweise geschieht aber allzu häufig genau das Gegenteil. In manchen Situationen bevorzugt ein Kind die rechte Gehirnhälfte, auch wenn die linke für die gestellte Anforderung viel geeigneter wäre. Ich mußte feststellen, daß diese stark rechtshirnorientierten Kinder in der Schule oft Schwierigkeiten haben.

Die Probleme bei der Hemisphärenspezialisierung sollten jedoch nicht überbewertet werden. Im allgemeinen ist die Zusammenarbeit beider Hemisphären so ausgewogen, daß jede Seite die Aufgaben übernimmt, für die sie am besten geeignet ist. Damit dies anschaulicher wird, wollen wir uns die hemisphärische Spezialisierung in Hinblick auf schulische Fähigkeiten anschauen. Obwohl die Forschung auf diesem Gebiet noch nicht abgeschlossen ist, zeigt die Zuordnung zur rechten bzw. linken Gehirnhälfte bei der Unterteilung von Fähigkeiten und Lehrplananforderungen (Tabelle 1) bereits deutliche Schwerpunkte.

Die Handschrift wird meistens von der linken Hemisphäre gesteuert. Ebenso die Fähigkeit, Symbole wie Zahlen und Buchstaben zu interpretieren sowie die meisten Bereiche

TABELLE 1

Fähigkeiten unter dem Gesichtspunkt der Hemisphärenspezialisierung

LINKE HEMISPHÄRE	RECHTE HEMISPHÄRE
Handschrift	Haptische Wahrnehmung
Symbole	Räumliches Empfinden
Sprache	Formen und Muster
Lesen	Gesang und Musik
Laute	Farberkennung/-unterscheidung
Differenzierung von Details und Fakten	Mengen und mathematisches Zahlenverständnis
einfaches Zahlenverständnis	Künstlerischer Ausdruck
Erzählen und Berichten	Kreative Eingebungen
Aufgaben erledigen	Visualisation
Zuhören	Gefühle

sprachlicher Kommunikation. Hierzu gehören Formulierungen, Einzellaute, Lesen, Umgehen mit Details und Fakten, Anordnungen ausführen, Zuhören und Assoziationen zum Gehörten.

Mit diesen Fähigkeiten müssen Kinder täglich im Klassenraum umgehen. Wir geben den Kindern Symbole, legen großen Wert auf das Lesen, die Sprache, die Artikulation. Wir fragen nach Details und bestehen darauf, daß alle Aufgaben erledigt werden.

Meistens sprechen wir **zu** den Kindern - und nicht **mit** ihnen. Fazit: Unsere Lehrpläne sind linkshirnorientiert. Unser Unterricht wendet sich an Schüler mit einem dominierenden linken Gehirn.

Über ganz andere Fähigkeiten verfügt die rechte Hemisphäre. Hier werden nonverbale Informationen erkannt und verarbeitet. Sie besitzt außerdem die größere Fähigkeit, mit Hilfe von Körpersprache zu kommunizieren.

Obwohl die motorische Gehirnrinde sich auf beide Hemisphären verteilt, liegt das Zentrum für die Einordnung räumlicher Empfindungen und die Orientierung unseres Körpers, z.B. beim Sport, in der rechten Hemisphäre. Auch an der Interpretation von Körperwahrnehmungen, die in der sensorischen Region verarbeitet werden, ist die rechte Hemisphäre beteiligt.

Sie hat die Fähigkeit, geometrische Figuren wie Kreise, Quadrate, Rechtecke, Dreiecke sowie Formen und Muster zu erkennen, mit ihnen umzugehen und sie zu zeichnen. Sie kann Farben und Farbnuancen unterscheiden sowie farbige Bildvorstellungen entwickeln.

Gesang, Musik und kreative Darstellung befinden sich in der rechten Hemisphäre. Natürlich können auch viele linkshemisphärische Kinder gut zeichnen. Ihre Bilder sind meist stark strukturiert und folgen einem ganz bestimmten Aufbau. Linkshemisphärische Kinder malen ihre Bilder zu bestimmten Anlässen: zum Muttertag beispielsweise einen Blumenstrauß und zu Ostern einen Osterhasen. Sie können sehr gut themenbezogen zeichnen.

Ich habe andererseits beobachtet, daß rechtshirnorientierte Kinder gerne "geheimnisvolle" Bilder malen. Der Betrachter bleibt so lange im Unklaren über das, was das Bild darstellt, bis er es erklärt bekommt. Diese Kinder malen gleichzeitig den Sonnenschein, fallende Regentropfen und Gewehrkugeln, die von einem Boot aus abgeschossen werden. Besonders beliebt sind bei ihnen Sprechblasen, mit Wörtern einer Geschichte, die sich nur in ihren Köpfen abspielt.

Wenn Sie diese Kinder nach dem Inhalt der Sprechblase fragen, werden sie Ihnen ohne Schwierigkeiten mit eigenen Worten eine Geschichte erzählen. Sie sind so kreativ, daß sie oft noch eigene Details und ein eigenes Ende hinzudichten. Man vermutet, daß sie übertreiben und tatsächlich: Für unsere Vorstellungen übertreiben sie. Doch in ihrer Welt sind sie schlicht und einfach sie selbst. Sie variieren Geschichten, fügen Details hinzu und verändern auch das Ende ihren Bedürfnissen und Gefühlen entsprechend. Denn auch die Gefühle werden uns von der rechten Hemisphäre übermittelt.

Für jede Gehirnhälfte ist zudem eine bestimmte **Bewußtseinsform** typisch. Denn in jedem Menschen existieren zwei verschiedene Reizverarbeitungs-Mechanismen. Obwohl beide Hemisphären sensorische Informationen aus der Umwelt bekommen und weiterleiten, verarbeitet jede Hemisphäre ihre Informationen auf ihre ganz besondere Art.

Mit anderen Worten: Unser rechtes und unser linkes Gehirn haben spezifische Denkweisen. Sie begegnen den Anforderungen des Lebens zwar beide mit hochdifferenzierten kognitiven Verfahren, unterscheiden sich aber erheblich in ihrer Herangehensweise.

11

Die linke Hemisphäre bewältigt die täglichen Anforderungen, indem sie vom Teil zum Ganzen geht, vom Speziellen zum Komplexen. Sie geht der Reihe nach vor und baut logisch aufeinander auf. Die rechte Hemisphäre dagegen geht vom Ganzen zum Teil, vom Komplexen zum Speziellen. Sie lernt ganzheitlich. Sie unterteilt nicht, sondern betrachtet die Dinge holistisch, als Gesamtbild.

TABELLE II:

Gegenüberstellung von
linken und rechten Bewußtseinsformen

LINKE HEMISPHÄRE	RECHTE HEMISPHÄRE
linear	holistisch/ganzheitlich
symbolisch	konkret
sequentiell	zufällig/planlos
logisch	intuitiv
verbal	nonverbal
realitätsorientiert	phantasievoll
zeitbezogen	zeitlos
abstrakt	analog

LINEAR UND HOLISTISCH

Der linkshirnorientierte Mensch nimmt einzelne Teile, reiht sie aneinander, bringt sie in einen logischen Zusammenhang und erhält auf diese Weise ein schlüssiges Ergebnis. Er geht "linear" vor, vom Teil zum Ganzen. Der rechtshirnorientierte Mensch dagegen denkt holistisch, er sieht zuerst das Ganze und dann erst die Teile, aus denen es zusammengefügt ist. Ein rechtshirn-dominantes Kind beginnt mit der Antwort, mit dem Gesamtkonzept oder es erfaßt den Gesamtzusammenhang und entdeckt neue, unkonventionelle Lösun-

12

gen. Sehr oft hat es Schwierigkeiten mit logischem, linearem Denken.

Unser Leseunterricht wendet sich meistens an die linke Hemisphäre. Er ist logisch und geradlinig. Aus einzelnen Teilen, nämlich Lautsequenzen, wird das Ganze, das Wort, gebildet.

Aber wie wirkt sich dieses Vorgehen auf einen Schüler aus, der vom Ganzen zum Teil geht, der nicht lernt, indem er sich zunächst die einzelnen Laute einprägt, sondern das ganze Wort hören muß, um seine Bestandteile erfassen zu können? Er lernt bis zur dritten Schulklasse einzelne Buchstaben - aber nicht das Lesen. Hier beginnt die Karriere der Schulversager.

SYMBOLISCH UND KONKRET

Linkshemisphärische Kinder denken und arbeiten mit Symbolen, während rechtshemisphärische Kinder besser mit dem Konkreten, Gegenständlichen umgehen können. Sie lernen durch praktische Erfahrung, durch die Berührung und Bewegung von Dingen. Was sie nicht anfassen, fühlen und be-*greifen* können, existiert für sie nicht. Sie brauchen die gegenständliche Erfahrung, bevor sie etwas visualisieren können.

Rechtshemisphärische Kinder haben Schwierigkeiten mit Hilfsmitteln wie Papiergeld oder schriftlichen Arbeitshinweisen. Sie brauchen den Umgang mit realem Geld, mit anschaulichen Beispielen. Dies sollten Sie unbedingt berücksichtigen, wenn Sie feststellen, daß Ihre Kinder rechtsdominant sind.

ORGANISIERT UND PLANLOS

Das linke Gehirn zerlegt das Leben in einzelne Sequenzen, während das rechte planlos und zufällig seine Lebenserfahrungen aufnimmt. Mein Mann und ich haben sehr viel Spaß an diesem Unterschied. Ich bin mit dem linkshirnorientiertesten Mann der Welt, einem Rechtsanwalt, verheiratet. Er weiß jeden Tag genau, was er zu tun hat. Woher er das weiß? Er erstellt eine Liste von Tätigkeiten, numeriert sie nach ihrer Dringlichkeit und streicht dann Punkt für Punkt alle erledigten Aufgaben. Ich dagegen trödele mehr oder weniger durch die Anforderungen des Tages. Einige Dinge führe ich nie zu Ende, bei anderen erledige ich dafür sechs zusätzliche Hausarbeiten gleich mit. Meinem Mann ist es ein Rätsel, wie ich es dann doch immer wieder schaffe.

Jetzt ist für Sie der richtige Zeitpunkt gekommen, Klarheit über sich selbst zu gewinnen. Wenn Sie nicht in Sequenzen denken - segne Sie Gott! Sie werden seine Hilfe brauchen. Oder denken Sie in Sequenzen? Gut. Dann dürfen Sie uns unlogische Denker auf Ihrer Liste "Menschen, für die gebetet werden muß" erfassen.

Die Welt denkt, alles sei logisch aufeinander aufgebaut. Aber viele Menschen denken anders, zum Beispiel

13

Kinder. Einige von ihnen werden auch als Erwachsene nicht logisch denken. Sie denken ohne Plan, und wenn sie zum logischen Denken gezwungen werden, bekommen sie Magengeschwüre, Kopfschmerzen und verschwenden eine Menge Zeit.

LOGISCH UND INTUITIV

Wie gesagt, mein Mann ist logisch. Er weiß genau, woher er seine Antworten bekommt. Er beginnt mit einer Teilinformation und arbeitet sich logisch zum Ergebnis voran. Rechtshirnorientierte Kinder sind intuitiv, sie holen ihre Antworten aus der Luft. Im Handumdrehen können sie die Lösung einer komplizierten Divisionsaufgabe präsentieren, aber es ist ein mühsames Unterfangen, sie Schritt für Schritt aufzuschlüsseln. Sie schauen sich die Bruchrechnungen an, wissen, daß ein Viertel weniger ist als ein Halb, können aber nicht erklären, warum dies so ist. Das Traurige ist, daß diese Kinder tatsächlich nicht wissen, warum etwas so und nicht anders ist. Sie würden es gerne wissen, denn sie wollen so sein wie ihre Klassenkameraden. Es verletzt sie, daß sie keine Antwort finden. Oft geraten sie in den Verdacht zu schummeln, weil sie eine Antwort geben und nicht erklären können, wie sie zu dieser Antwort kommen. Ihre Denkweise ist intuitiv. Oft finden sie ihre Lösungen schneller, wenn man sie ohne Vorschriften mit der Aufgabe alleine läßt.

VERBAL UND NONVERBAL

Linkshemisphärische Kinder sind sprachlich sehr geschickt und besitzen gewöhnlich einen großen Wortschatz. Sie haben keine Schwierigkeiten, sich auszudrücken. Rechtshemisphärische Kinder benutzen einen Gegenstand, berühren ihn, zeigen auf ihn und können ihn identifizieren. Aber benennen können sie ihn oft nicht. Sie kommunizieren nonverbal, mit einer intensiven Körpersprache, einer schauspielerisch vielfältigen Mimik.

REALITÄT UND PHANTASIE

Linkshemisphärische Kinder finden sich in der Realität, mit der Art und Weise wie die Dinge sind, gut zurecht. Sie können mit den Bildern und Geschichten in der Schule umgehen. Sie reagieren sehr lebhaft auf Ihre Umwelt und passen sich ihrer Umgebung gut an. Auf Neues reagieren sie schnell und stellen sich darauf ein. Auf diese Weise gehen sie durch ihr Leben. Was linkshemisphärische Kinder nicht tatsächlich sehen können, existiert für sie nicht.

Rechtshemisphärische Kinder versuchen auf jede mögliche Weise ihre Umgebung so zu verändern, daß sie ihren Bedürfnissen entspricht. Diese Tendenz äußert sich oft als Verhaltensstörung. Diese Kinder benutzen ihre Phantasie, Bildersprache und Imagination. Sie fühlen sich am besten, wenn sie etwas aus sich selbst heraus gestalten können.

14

Ich erinnere mich an Kevin, der immer zu spät zur Schule kam. Eines Morgens verkündete er mit seinen großen, nach oben gerichteten Augen: "Ich habe ein Einhorn getroffen. Es hat mich nach dem Weg zum nächsten Regenbogen gefragt und versprochen, daß Du mir nicht böse sein wirst." Ich schrie ihn an: "Kevin, Du weißt genau, daß es keine Einhörner gibt!" Voller Entrüstung schrie er zurück: "Einhörner gibt es doch!" Während des folgenden Schuljahres begriff ich, daß - zumindest für Kevin - Einhörner sehr real waren.

ZEITBEZOGEN UND ZEITLOS

Linkshemisphärische Kinder haben ein gutes Gefühl für Zeit. Für rechtshemisphärische dagegen ist dies eines der kompliziertesten Gebiete. Sie können nicht verstehen, daß Zeiträume begrenzt sind. "In zehn Minuten" kann das gleiche sein wie "in ein paar Tagen" und "vor dem Mittagessen" kann in ihren Augen auch "vor dem Mittagessen am nächsten Donnerstag" bedeuten. Sie können in keinem anderen Zeitraum denken als im Hier und Jetzt. Denn diese Minute, genau dieser Moment, das ist die einzige Wirklichkeit, die für rechtshirndominante Kinder existiert. Sie können die Zeit nicht einschätzen, erledigen ihre Hausaufgaben nicht rechtzeitig und kommen immer wieder zu spät zur Schule. Aus diesem Grund fallen ihnen zeitlich begrenzte Arbeiten so schwer. Wenn sie eine Arbeit schreiben, sind sie entweder viel zu schnell fertig, oder noch mittendrin, wenn die Schulglocke läutet.

ABSTRAKT UND ANALOG

Linkshemisphärische Kinder verstehen unsere abstrakten Erklärungen. Wenn wir sagen: "So und so ist es", akzeptieren sie das. Rechtshemispärische Kinder lernen besser durch absurde Beispiele. Sie können gar nicht absurd genug sein. Dies gilt besonders im Bereich der Disziplin. Nie werde ich den Tag vergessen, als ich ein kleines sechsjähriges Ungeheuer traf, an dem schon viele Lehrer erfolglos gescheitert waren. Niemand konnte diesen Jungen dazu bewegen, sich angemessen zu verhalten. Mit meinem Geldbeutel in der Hand ging ich auf ihn zu. Ich hielt den Geldbeutel hoch, um mir seine ungeteilte Aufmerksamkeit zu sichern und fragte:
"Siehst Du diesen Geldbeutel?"
"Ja", antwortete er.
"Weißt Du, was ich darin aufbewahre?"
"Nein".
"Ich werde es dir sagen. Hier drin sind viele kleine Bubenköpfe, die ich abgeschraubt habe, weil sie sich nicht gut benommen haben."

Absurd? Natürlich. Aber es hat gewirkt. Er hat mir nie wieder Schwierigkeiten bereitet. Rechtshirnorientierte Kinder können Absurdes problemlos in ihre Gedankenwelt integrieren. Sorgen Sie dafür, daß Ihre Absurditäten so weit von der Realität entfernt sind, daß sie völlig unwahrscheinlich sind - und Sie werden viel Spaß und Erfolg damit haben!

In einer Welt von Individuen gibt es keinen BESTEN.

Hugh Prather

II

TESTVERFAHREN ZUR ERMITTLUNG DER DOMINANTEN GEHIRNHÄLFTE

Die meisten Kinder sind nicht ausschließlich links- oder rechtshirnorientiert. Bei manchen Kindern mit rechtsdominanter Hemisphärenstruktur liegt das Sprachzentrum in der linken, bei anderen, mit einer dominanten linken Hemisphäre, liegt es in der rechten Hemisphäre. Es gibt extrem linkshirnorientierte und extrem rechtshirnorientierte Kinder. Bei anderen verändert sich die Stärke der Dominanz beider Gehirnhälften. Gehirnmuster sind ebenso individuell wie Fingerabdrücke. Es gibt viele verschiedene Dominanz-Kombinationen und alle sind normal.

Dieses Buch beschäftigt sich zwar hauptsächlich mit rechtshemisphärischen Kindern und mit denjenigen, die aufgrund ihrer hemisphärischen Struktur mit unserem Schulsystem Schwierigkeiten haben. Bei allen Betrachtungen sollten wir jedoch nicht vergessen, daß viele Kinder völlig unabhängig von ihrem Hemisphärenaufbau sehr gut zurechtkommen.

Wichtig ist, daß wir als Lehrer oder Eltern erkennen können, wenn ein Kind durch die Bevorzugung der rechten oder linken Hemisphäre nicht das gesamte Potential seiner Lernfähigkeit ausschöpfen kann. Um dies zu erleichtern, habe ich zur Bestimmung der dominanten Hemisphäre drei Testverfahren ausgearbeitet: genaue, strukturierte Beobachtung, eine Checkliste zur Dominanzbestimmung und offene Fragen.

19

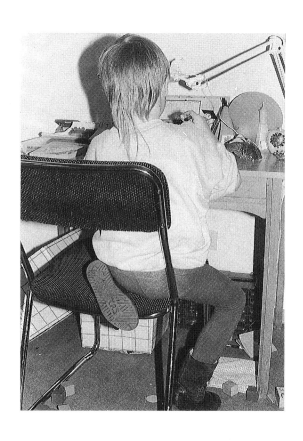

**Kinder mit Rechtshirn-
dominanz sitzen nur halb
auf ihrem Stuhl und
neigen zumTagträumen.**

BEOBACHTUNG

Die folgende Liste enthält die für rechtshemisphärische Kinder typischen Verhaltensweisen. Da Sie ganz einfach durch die Beobachtung des Kindes zu Hause oder in der Schule zu einem Ergebnis kommen können, kann diese Liste genauso nützlich für Sie werden wie ein systematisches Testverfahren.

Das rechtshemisphärische Kind

1. neigt zu Tagträumen;

2. benutzt Schlagwörter oder läßt beim Sprechen ganze Wörter aus;

3. benutzt zum Zählen die Finger;

4. bemalt die Ränder seines Aufgabenheftes oder Arbeitsbogens mit Bildern;

5. hat Schwierigkeiten beim Erledigen seiner Aufgaben;

6. zieht Grimassen oder benutzt andere Formen nonverbaler Kommunikation;

7. hat Probleme bei feinmotorischen Arbeiten wie Schneiden, Schreiben oder Kleben, wenn die Aufgabe eine einheitliche oder strukturierte Ausführung verlangt; diese feinmotorischen Schwierigkeiten treten kaum auf, wenn es sich um selbstgestellte Aufgaben handelt;

8. kann sich an Orte und Ereignisse erinnern, jedoch nicht an symbolische Darstellungen wie Namen, Buchstaben und Zahlen;

9. zeigt Probleme bei der Artikulation einzelner Buchstaben oder bei der Bewältigung von Geschicklichkeitsaufgaben;

10. ist fast immer in Bewegung;

11. arbeitet gerne im Stehen oder nur halb auf dem Stuhl sitzend;

12. neigt zu Übertreibung beim Erzählen eines Erlebnisses;

13. hat einen unordentlichen Schreibtisch;

14. kann seine Aufgaben nicht in einem vorgeschriebenen Zeitraum erledigen;

15. nimmt mit Vorliebe Sachen auseinander und setzt sie wieder zusammen;

16. ist impulsiv;

17. will die Welt seinen Bedürfnissen entsprechend verändern;

18. stellt anderen Kindern gerne ein Bein, berührt sie oder stößt sie;

19. spitzt oft seinen Bleistift;

20. verläuft sich auf dem Weg zum Klassenraum;

21. vergißt, warum es in sein Zimmer gegangen ist;

22. ist möglicherweise sehr gut in Sport, aber erfolglos in Fächern wie Deutsch;

23. weiß die richtige Anwort, kann sie aber nicht begründen oder herleiten ("Es ist eben so");

24. liefert oft Diskussionsbeiträge, die nichts mit dem Thema zu tun haben;

25. ist möglicherweise Klassensprecher;

26. beißt sich während der Arbeit auf die Zunge.

Nicht alle rechtshemisphärischen Kinder zeigen die oben aufgeführten Charakteristika und bei Kindern mit ausgeglichenen Hemisphären sind sowohl links- als auch rechtshemisphärische Verhaltensweisen zu beobachten. Gehen Sie behutsam mit den Ergebnissen Ihrer Beobachtung um. Stempeln Sie weder Ihr Kind noch andere mit einer starren Festlegung ab. Wir wissen immer noch sehr wenig über das menschliche Gehirn und müssen noch eine Menge dazulernen. Und je mehr wir erfahren, desto weniger reichen einfache Erklärungsmuster. In diesem Buch geht es in erster Linie um Unterstützung und Hilfe, nicht um eine genaue Darstellung des wissenschaftlichen Erkenntnisstandes.

DOMINANZ-BESTIMMUNGSTEST

Wie können wir nun tatsächlich feststellen, ob das Kind eine Rechtshirn- oder eine Linkshirndominanz hat? Zur Zeit gibt es noch keinen absolut sicheren Weg. Aber durch eine Kombination der Methoden von Lehrern, Neurologen und Psychologen kommen wir heute einem sicheren Ergebnis näher als jemals zuvor. Die folgenden Untersuchungskriterien wurden unter vielen Methoden ausgewählt, weil sie für die Bestimmung der hemisphärischen Dominanz bei Kindern am verläßlichsten erscheinen. Durch die Verbindung mehrerer Untersuchungen können wir ein umfassenderes Bild über die kindliche Hemisphärendominanz erhalten. Denn die unterschiedlichen Bereiche müssen in ihrer Gesamtheit betrachtet werden und nicht als zusammenhangslose Aspekte. Im menschlichen Gehirn gibt es nichts Absolutes. Zweck der Untersuchungen soll sein, Ihnen Aufschluß über die bevorzugte Lernhemisphäre des Kindes zu geben, damit Sie die Möglichkeit haben, Lehrmethoden zu entwickeln, die Ihr Kind in seiner Auseinandersetzung mit der Umwelt unterstützen.

TABELLE III

Hinweise für hemisphärische Dominanzen

UNTERSUCHUNGSLISTE

Augendominanz

Handdominanz

Handstellung

Muskeltest

Körpersymmetrie

Augenbewegungen

AUGENDOMINANZ

Als dominantes Auge wird das stärkere Auge bezeichnet. Meistens liegt es der dominanten Hemisphäre gegenüber. Ein linksdominantes Auge deutet also auf eine rechtsdominante, ein rechtsdominantes Auge auf eine linksdominante Hemisphäre hin.

Wahrscheinlich wird das Kind ein bestimmtes Auge benutzen, wenn der Test bei geöffneten Augen durchgeführt wird und das andere, wenn die Augen während des Tests geschlossen bleiben. In diesem Fall gibt die Augenpräferenz bei geschlossenen Augen die hemisphärische Dominanz an, während bei geöffneten Augen das bevorzugte Auge auf die motorische Dominanz schließen läßt.

TESTANLEITUNG:

1. Nehmen Sie ein beliebiges rundes Rohr, durch das man durchschauen kann (aus Plastik oder Pappe) und stellen Sie sich direkt vor das Kind.

2. Nehmen Sie das Rohr in beide Hände. Wenn Sie es nur mit einer Hand halten, wird ein kleines Kind nach der Hand greifen, die ihm am nächsten ist.

3. Das Kind soll sich so hinstellen, daß seine Füße direkt unter seinen Schultern stehen. Wenn die Füße nach den Schultern ausgerichtet sind, befindet sich der Körper in vollständiger Balance und Sie erhalten exaktere Ergebnisse.

4. Fordern Sie das Kind auf: "Nimm Dir dieses Rohr mit einer Hand und schau mit einem Auge hindurch".

5. Sagen Sie einige Zeit später zu dem Kind: "Nun schließe Deine Augen und halte das Rohr vor das Auge, das Dir lieber ist."

Es ist wichtig, daß Sie das Kind mit geöffneten und mit geschlossenen Augen testen. Führen Sie die beiden Tests aber nicht unmittelbar nacheinander durch, denn das Kind würde wahrscheinlich die gleiche Hand wieder benutzen. Lassen Sie dazwischen etwas Zeit vergehen.

HANDDOMINANZ

Wie bereits gesagt wurde, kontrolliert die rechte Gehirnhälfte die linke Körperseite und die linke Gehirnhälfte die rechte Körperseite. Daher können wir aus der Beobachtung, welche Hand das Kind bevorzugt einsetzt, auf die dominante Hemisphäre schließen. Linkshänder sind fast immer rechtshirnorientiert. Rechtshänder dagegen können sowohl rechts- wie auch linkshirnorientiert sein. Denn viele geborene Linkshänder wurden durch den Druck der Erwachsenen und der rechtshändigen Umwelt zu Rechtshändern umerzogen.

Achten Sie bei den folgenden Aufgaben darauf, welche Hand das Kind für jede einzelne Aufgabe benutzt. Wechselt es die Hand von der einen zur anderen Tätigkeit oder während einer Arbeit, kann dies ein Hinweis für folgende Möglichkeiten sein:

a. Dominanzmangel - ein Zeichen von Unreife;

b. gemischte Dominanz - weist auf ein sich überkreuzendes Dominanzmuster hin (rechtsdominantes Auge, linksdominante Hand);

c. Beidhändigkeit - Hinweis auf die Fähigkeit, beide Hemisphären gleich gut zu nutzen; oder

d. wechselnde Dominanz - das Kind benutzt beide Hemisphären im Wechsel (springt unkontrolliert von der einen zu anderen Seite).

TESTANLEITUNG:

1. Bitten Sie das Kind, seinen Namen zu schreiben, eine Figur zu zeichnen oder eine Mathematikaufgabe abzuschreiben.

2. Lassen Sie das Kind einen Ball oder ein Reissäckchen werfen.

3. Beobachten Sie das Kind beim Essen oder fragen Sie es, welche Hand es beim Essen benutzt.

4. Fordern Sie das Kind auf, seine Augen zu schließen und dann einige der Gegenstände, die vor ihm liegen, hochzuheben.

HANDSTELLUNG

Da ein rechtshändiges Kind sowohl links- wie auch rechtshirnorientiert sein kann, müssen wir es uns sehr viel genauer ansehen. Nach neuesten Forschungsergebnissen kann die Art, wie das Kind während des Schreibens seinen Stift hält, ein Indikator für die Gehirndominanz sein. Hält ein rechts-händiges Kind den Stift mit geradem Handgelenk aufrecht zur Schulter zei-gend, liegt wahrscheinlich eine links-dominante Hemisphäre vor. Verdreht ein Rechtshänder die Hand oder hält den Stift im rechten Winkel zum Körper, besitzt er meistens eine rechts-dominante Hemisphäre.

TESTANLEITUNG:

1. Legen Sie ein Blatt Papier und einen Stift vor die Körpermitte des Kindes.

2. Bitten Sie das Kind, seinen Namen zu schreiben.

3. Vergleichen Sie seine Hand-position mit den folgenden Zeichnungen.

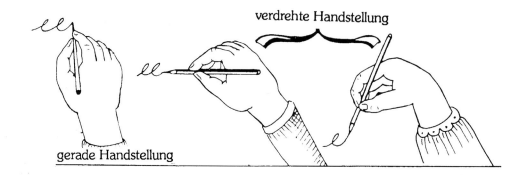

gerade Handstellung

verdrehte Handstellung

26

MUSKELTEST

Mit dem Muskeltest wird nicht die körperliche Entwicklung, sondern die Muskelkraft in Relation zur hemisphärischen Dominanz gemessen. Prüfen Sie beide Körperseiten und vergleichen Sie ihre Kraft. Die stärkere Seite liegt meist der dominanten Hemisphäre gegenüber.

Zwei starke Seiten deuten darauf hin, daß das Kind nach Anforderung wahlweise eine der beiden Hemisphären benutzt.

Läßt sich keine stärkere Seite bestimmen oder sind beide Seiten schwach? Dann lassen Sie das Kind die Kreuzbewegung (Seite 41) machen, bevor Sie den Test wiederholen. Zeigt sich auch dann keine Dominanz, liegt bei dem Kind entweder eine gemischte Dominanz vor oder es wechselt von einer Hemisphäre zur anderen.

TESTANLEITUNG:

1. Stellen Sie das Kind mit geradeaus gerichtetem Kopf direkt vor sich.

2. Achten Sie darauf, daß seine Füße etwa 10 cm auseinanderstehen beziehungsweise auf die Schulterbreite ausgerichtet sind, damit der Körper im Gleichgewicht ist.

3. Fordern Sie das Kind auf, die Augen zu schließen.

4. Bringen Sie einen Arm des Kindes in einen Winkel von 90 Grad zum Körper oder lassen Sie es seinen Arm auf Schulterhöhe geradeaus strecken.

5. Legen Sie zwei Ihrer Finger auf das Handgelenk des ausgestreckten Armes und Ihre andere Hand auf die Schulter der entgegengesetzten Körperhälfte.

6. Erklären Sie dem Kind: "Ich werde nun versuchen, Deinen Arm herunterzudrücken. Gib Dir Mühe, ihn oben zu behalten."

7. Fühlen Sie, ob der Muskel sperrt oder ein anderes Anzeichen für Muskelkraft vorliegt.

AUGENBEWEGUNGEN

Die Ergebnisse verschiedener Untersuchungen lassen eine Beziehung zwischen Augenbewegung und Hemisphärendominanz erkennen. Wird eine Hemisphäre stimuliert oder aktiviert, bewegen sich die Augen in die entgegengesetzte Richtung. Dies ist ein weiteres Beispiel dafür, daß jede Körperhälfte von der gegenüberliegenden Hemisphäre kontrolliert wird. Arbeitet also die linke Hemisphäre, richten sich die Augen nach rechts, arbeitet die rechte Hemisphäre, richten sich die Augen nach links. Besonders in Streßsituationen läßt sich dieser Zusammenhang deutlich beobachten. Im allgemeinen wird in Streßsituationen die dominante und nicht die geeignetere Hemisphäre aktiviert.

TESTANLEITUNG:

1. Stellen Sie sich unmittelbar vor das Kind und halten Sie Augenkontakt.

2. Stellen Sie dem Kind eine Reihe von Fragen, die rein verbale Antworten einerseits und andererseits räumliche Zuordnungen erfordern (Wo liegt/steht/ist...?).

3. Beobachten Sie, in welche Richtung sich die Augen des Kindes bewegen, sobald Sie die Frage gestellt haben und halten Sie das Ergebnis fest. Formulieren Sie die folgenden Fragen so, daß sie dem Entwicklungsstand des Kindes entsprechen:

a. Was hast Du gestern Abend gegessen?

b. Was bedeutet "glücklich sein"?

c. Wo steht das Bett in Deinem Zimmer?

d. Buchstabiere Deinen Namen!

e. Wieviel ist zwei plus drei?

Mit Hilfe der Augenbewegungen läßt sich die bevorzugte Lernmethode des Kindes identifizieren. Da das Gehörzentrum in der linken Hemisphäre liegt, weist die rechtsgerichtete Augenbewegung auf einen auditiven Lerntyp und die linksgerichtete Augenbewegung auf einen rechtshirnorientierten, visuellen Lerntyp hin.

Einige Kinder bewegen ihre Augen weder zur rechten noch zur linken Seite, sondern nach oben. Diese Gruppe gehört zum haptischen Lerntyp, der meist keine ausgeprägte hemisphärische Präferenz aufweist. Der haptische Typ lernt durch Körperbewegung und durch taktile Informationen - durch Erfahrung.

KÖRPERSYMMETRIE

Den meisten von uns ist bei irgendeiner Gelegenheit bereits aufgefallen, daß eine Körperhälfte etwas ausgeprägter ist als die andere. Beim Schuhkauf stellen wir beispielsweise fest, daß ein Fuß größer ist. Falls Sie eine Brille tragen, wissen Sie, welches Ohr höher sitzt. Meistens liegt die größere und kräftigere Körperhälfte der dominanten Hemisphäre gegenüber.

TESTANLEITUNG:

1. Fordern Sie das Kind auf, seine Strümpfe auszuziehen. Lassen Sie es sich mit den Fersen gegen die Wand stellen. Welches ist der längere Fuß?

2. Betrachten Sie die Ohren des Kindes. Welches ist größer und liegt höher?

3. Bitten Sie das Kind zu lächeln. Welchen Mundwinkel zieht es höher?

4. Halten Sie ein Blatt Papier jeweils vor eine Gesichtshälfte des Kindes, so daß diese verdeckt ist und betrachten Sie die freien Hälften nacheinander. Eine Seite wird voller wirken, ein Auge höher liegen als das andere und eine Gesichtshälfte wird glücklicher aussehen.

Wenn Ihre Beobachtungen keine eindeutigen Schlüsse zulassen, liegt bei dem Kind eventuell eine gemischte motorische Dominanz vor; beispielsweise eine rechtsdominante Hand und ein linksdominanter Fuß. In diesem Fall ist es für das Kind unter Umständen sehr schwierig, motorische Informationen zu verarbeiten und körperlichen Anforderungen gerecht zu werden.

OFFENE FRAGEN

Piaget und einige andere sind der Meinung, daß wir das meiste über Kinder erfahren können, indem wir sie beobachten, ihnen zuhören und uns mit ihnen unterhalten. Moshe Feldenkrais zeigt in seinem Buch *Abenteuer im Dschungel des Gehirns - Der Fall Doris* auf, wie wichtig es ist, Fragen zu stellen, um die Vorgänge im Gehirn aufzudecken. Lassen Sie sich einfach von Ihrer Intuition leiten, wenn Sie Fragen stellen und denken Sie daran, daß die Denkstrukturen jedes Kindes so einmalig sind wie seine Fingerabdrücke. Stereotype Techniken und Fragen werden keinen Erfolg haben. Es ist wichtig, daß sich Ihre Fragen auf einen Bereich beziehen, der dem Kind Schwierigkeiten bereitet.

Im folgenden Abschnitt gebe ich Beispiele für Fragen und meine Interpretationen zu den Antworten des Kindes. Die Antworten des Kindes deuten auf seine hemisphärische Dominanz und auf seine Lernmodalitäten (visuell, auditiv oder haptisch) hin.

Eine **visuelle** Lernbevorzugung weist meist auf eine Rechtshirn-Dominanz, eine **auditive** Modalität auf Linkshirn-Dominanz und eine **haptische** auf Rechtshirn-Dominanz mit abwechselndem Hemisphären-Einsatz hin.

BEISPIELE:

1. **Frage**: "Stell Dir Dein Lieblingseis vor. An welcher Stelle in Deinem Kopf kannst Du es sehen?" (Wählen Sie Objekte, die dem Kind vertraut sind.)

   Interpretation: Deutet das Kind auf einen Punkt zwischen den Augen oder leicht rechts davon, handelt es sich wahrscheinlich um einen visuellen Lerntyp. Deutet es auf den Scheitel oder legt die ganze Hand auf den Kopf, läßt das auf einen haptischen Lerntyp schließen. Beide Antworten deuten auf ein rechtshemisphärisches Lernverhalten hin. Wenn das Kind gar nichts visualisiert, können Sie ihm die folgenden Fragen stellen, um seine auditive Wahrnehmung zu aktivieren.

2. **Frage:** "Versuche, in Deinem Kopf Dein Lieblingslied, Vogelgezwitscher oder an den Strand schlagende Wellen zu hören. An welcher Stelle hörst Du Deine Vorstellungen?"

Interpretation: Zeigt das Kind auf die linke Kopfseite, ist es aller Wahrscheinlichkeit nach linkshirnorientiert und erfahrungsgemäß ein auditiver Lerntyp. Deutet es auf den gleichen Punkt wie bei der Eis-Visualisation, wird die Diagnose auf den visuellen Lerntyp bestätigt. Einige Kinder lernen visuell und auditiv. Sie werden beide Fragen entsprechend beantworten, weil sie beide Hemisphären wahlweise einsetzen.

3. **Frage:** "Was hast Du gestern abend gegessen?"

Interpretation: Diese Frage fordert sowohl die optische Vorstellung als auch das Erinnerungsvermögen des Kindes. Beobachten Sie seine Augenbewegungen und fragen Sie nach, wo es sich erinnert. Einige Kinder werden sich nicht erinnern können. Bitten Sie das Kind in diesem Fall, sich seine Umgebung vorzustellen.

4. **Frage:** "Schließe Deine Augen und versuche, in Deiner Vorstellung den Tisch zu sehen. Dann stelle Dir vor, daß Du selbst am Tisch sitzt. Nehme Deine Gabel in die Hand, lade etwas Eßbares darauf und führe sie zum Mund. Was ist auf der Gabel?"

Interpretation: Erinnert sich das Kind erst dann, wenn es seinen Körper in den Erinnerungsprozeß einbezieht, ist es ein haptischer Lerntyp. Es erinnert sich an seine Handlung, an das, was es in der Situation selbst getan hat. Da diese Kinder oft glauben, sich nicht erinnern zu können, müssen wir ihnen ihren speziellen Erinnerungsmechanismus verständlich machen.

5. **Frage:** "Ich denke mir jetzt ein Wort aus und Du versuchst, es zu behalten. Das Wort heißt .... (Geben Sie dem Kind ausreichend Zeit.) Auf welche Weise hast Du Dir das Wort gemerkt?"

Interpretation: Fällt es dem Kind leicht, das Wort zu behalten? Dann machen Sie ihm seine Lernmethode bewußt. Wenn das Kind schnell lernt, sich später jedoch nicht mehr an das Wort erinnern kann, erreicht das Gelernte offenbar nicht das Langzeitgedächtnis. Oder das Kind hat keine Technik entwickelt, das Gelernte wieder abzurufen. Betrachten Sie die Antworten auf die Fragen 3 und 4. Setzt das Kind seine Methode, mit der es sich an aktuelle Erlebnisse erinnert, auch ein, um sich an symbolische Darstellungen wie Nummern, Buchstaben und Wörter zu erinnern?

6. Frage: "Kannst Du Dir in Deinem Kopf einen Kreis vorstellen?" (Fragen Sie es auch, ob es sich seine Umgebung, verschiedene Formen, Farben, Bilder, Zahlen, Buchstaben oder Wörter vorstellen kann.)

Interpretation: Der Grad der Visualisationsfähigkeit gibt Ihnen Aufschluß darüber, ob die Erinnerungs-Methode verinnerlicht wurde und weist auf die Möglichkeit des Einsatzes bestimmter Lehrmaterialien für die Einführung neuer Begriffe hin. Wie wichtig der Einsatz des richtigen Lehrmaterials ist, wurde mir bewußt, als ich mit dem siebenjährigen Johnny addieren übte. Ich ging in den Klassenraum und demonstrierte seinem Lehrer, daß Johnny addieren kann, indem er einen Topf mit aufgeschlagenen Eiern visualisiert. Zwei Wochen später beschwerte sich der Lehrer bei mir, daß Johnny exakt in dem Moment, als ich den Klassenraum verließ, aufhörte zu addieren. Der Lehrer benutzte für den Rechenunterricht quadratische Würfel. Als ich Johnny bat, sich die Würfel vorzustellen, entdeckten wir, daß er nicht in der Lage war, Quadrate zu visualisieren. Mit Kreisen hatte er dagegen keine Schwierigkeiten. Solange der Lehrer runde, handliche Objekte benutzte, konnte Johnny rechnen. Unsere nächste Aufgabe war also, Johnny das Quadrat verständlich zu machen.

7. Frage: "Stelle Dir die Zahl 'vier' vor und zeichne sie so, wie Du sie siehst." Dann: "Versuche jetzt, vier Gegenstände zu sehen. Was siehst Du? Male sie so, wie Du sie in Deinem Kopf gesehen hast."

Interpretation: Mit diesen Fragen können Sie herausfinden, in welcher Ausprägung sich das Vorstellungsvermögen von Zahlen entwickelt hat. Sieht das Kind in seiner Vorstellung Punkte, Linien oder Objekte aus seiner Umgebung? Sieht es diese vertikal, horizontal oder in Mustern? Diese Informationen helfen Ihnen, Zahlenkonzepte angemessen zu vermitteln und geben Aufschluß darüber, ob sich als Lehrmaterial z.B. Würfel eignen oder ob das Kind effektiver mit horizontalen bzw. vertikalen Bildkarten arbeiten kann.

8. Frage: (Zeigen Sie dem Kind ein Wort, das es kennt.) "Wie heißt dieses Wort?" "Wie hast Du das herausgefunden?" "Wodurch erinnerst Du Dich daran?"

Interpretation: Diese Fragen helfen dem Kind, sich über seinen Erinnerungsvorgang bewußt zu werden und zeigen Ihnen, auf welche Weise es seine Informationen hervorholt. Erinnert es sich auditiv, muß es sich die Informationen während des Lernprozesses im Kopf vorsagen. Manche visuellen Lerntypen holen ihre Informationen ebenfalls durch auditive oder haptische Wahrnehmung hervor.

9. **Frage:** "Stelle Dir Deinen Klassenraum vor. An was kannst Du Dich erinnern?"

Interpretation: Aus der Antwort können Sie auf das Empfindungsvermögen und auf das bevorzugte Lernverhalten des Kindes schließen. Achten Sie darauf, ob es auditive oder visuelle Beschreibungen gibt.

10. **Frage:** "Wie erinnerst Du Dich an die Aufgaben, die Dir Deine Mutter oder Dein Lehrer gestellt haben?"

Interpretation: Mit dieser Frage können Sie herausfinden, wie das Kind gehörte Informationen aus seiner Umwelt verarbeitet. Einige Kinder werden sagen, daß sie sich nicht erinnern können. Sie haben Schwierigkeiten im Verarbeiten auditiver Informationen und brauchen meist eine visuelle Anregung als Erinnerungshilfe.

KRITERIEN ZUR BESTIMMUNG
DER DOMINANTEN HEMISPHÄRE

TEST	RECHTSDOMINANT	LINKSDOMINANT

1. Augendominanz:
  geöffnet:
  geschlossen:
	
	L
	L
		
		R
		R

2. Handdominanz:	L	R
3. Handstellung:	verdreht	gerade
4. Muskeltest:	L stärker	R stärker

5. Körpersymmetrie:	L breiter oder
	    höher
		R breiter oder
		    höher

6. Augenbewegungen:	L = visuell haptisch	R = auditiv

7. Offene Fragen:

ERGEBNIS:

UNTERSUCHUNGSBEISPIEL:
Ein achtjähriger Junge

1. Augendominanz:
   geöffnet: rechtes Auge
   geschlossen: rechtes Auge

2. Handdominanz: rechte Hand

3. Handstellung: gerade

4. Muskeltest: rechter Arm kräftiger, bei ebenfalls kräftigem linken Arm

5. Körpersymmetrie: beide Seiten scheinen gleich gut entwickelt zu sein

6. Augenbewegungen: Augen richten sich nach rechts und links

7. Offene Fragen: Informationen werden visuell und auditiv verarbeitet

ERGEBNIS:

Obwohl die linke Hemisphäre dominiert, benutzt dieser Junge seine rechte Hemisphäre fast ebenso oft. Er lernt durch Sehen und Hören. Seinem Alter entsprechend wird er noch viele Erfahrungen benötigen, um ein optimales Lernverhalten zu entwickeln.

Alles, was ich will, ist, daß Du mich so
akzeptierst, wie ich bin.

Hugh Prather

III

LERNSTRATEGIEN

Jedes Gehirn ist einzigartig. Wenn wir uns Lernmethoden ansehen, die den Kindern helfen sollen, dürfen wir dabei nicht vergessen, daß jedes Kind sein individuelles Lernverhalten hat. Unsere Aufgabe als Eltern und Lehrer ist es, dieses individuelle Lernen zu fördern, indem wir dem Kind zu Hause und in der Schule eine vielseitige, ganzheitliche Umgebung anbieten. Ein ganzheitlicher Lernansatz fordert allerdings verschiedene Grundvoraussetzungen.

Erstens: Jedes Kind ist der Mittelpunkt seiner Welt. Es sieht die Welt so, wie sie seinem inneren Verständnis entspricht - und nicht Ihrem. Sein Lernprozeß findet nicht außerhalb auf einem Arbeitsbogen, auf dem Schwebebalken oder während der Hausarbeit statt, sondern innerhalb seiner Welt. Das Lernen vollzieht sich im Gehirn des Kindes und dieses Gehirn befindet sich innerhalb seines Körpers.

Zweitens: Manchmal vergessen wir, daß das Kind nur durch seine eigenen Erfahrungen lernen kann. Lebt das Kind in einer Familie, die nicht mit ihm spricht, kann es keine Erfahrung mit der Sprache sammeln und es wird Schwierigkeiten bekommen, sich auszudrücken. Kinder lernen, indem sie neue Informationen mit alten Erfahrungen verbinden. Je vielfältiger und reicher ihre Umwelt gestaltet ist, desto leichter wird es ihnen fallen, Neues dazuzulernen.

Drittens: Die dominante Hemisphäre beeinflußt den Lernstil des Kindes. Kinder sollten mit linkshemisphärischen und mit rechtshemisphärischen Lehrinhalten konfrontiert werden, ebenso mit rechten und linken Bewußtseinsbereichen. Wird eine der beiden Hemisphären vernachlässigt, wird sie nach und nach funktionsschwächer werden.

Viertens: Ein Kind lernt durch verschiedene Sinnesempfindungen. Es kann die Fähigkeit besitzen, wahlweise visuell, auditiv oder haptisch zu lernen. Möglicherweise aber lernt es effektiver, wenn es nur jeweils eine dieser verschiedenen Modalitäten nutzt. Wenn Sie mit einem Kind arbeiten, sollten Sie zunächst seine stärkste Sinnesempfindung ansprechen und dann seine Kapazität durch das Hinzuziehen der anderen Modalitäten verstärken.*

Fünftens: Die Lernfähigkeit jedes Kindes wird durch seine Ernährung, seine biochemischen Prozesse und durch seine ethisch-kulturellen Erfahrungen beeinflußt.

Schließlich: Überzeugen Sie sich davon, daß die von Ihnen angewendete Methode auch wirklich erfolgreich ist. Nehmen Sie auf keinen Fall Rücksicht auf die Ergebnisse des Dominanz-Tests, wenn das daraus resultierende Lernverfahren dem Kind keine Erleichterung bringt. Kinder haben ein Recht auf Freude am Lernen - ob zu Hause mit den Eltern oder in der Schule.

Alle Lernstrategien, die ich auf den folgenden Seiten vorstelle, sind in ihrem Ansatz rechtshirnorientiert. Das bedeutet, sie nutzen Eigenschaften oder Fertigkeiten des rechten Gehirns, um den Lehrstoff zu verarbeiten. Ich lehne damit nicht den linkshirnorientierten Unterrichtsstil ab, sondern bin der Meinung, daß unsere Lehrpläne genügend linkshirnorientierte Ansätze enthalten.

Dieses Buch soll andere Lernstrategien ergänzen, nicht ersetzen!

**Jedes Kind ist der Mittelpunkt
seiner eigenen Welt**

---

*Ausführlichere Informationen zu diesem und dem folgenden Punkt enthält das Buch von Frederic Vester "Denken, Lernen, Vergessen", dtv.

40

ÜBER-KREUZ-BEWEGEN

Wenn nach Aussage des Tests eine Hemisphäre die andere dominiert - speziell wenn es sich um die rechte handelt - liegt wahrscheinlich eine Blockierung oder eine Art Kurzschluß vor. Wir haben jedoch die Möglichkeit, die beiden Hemisphären auszubalancieren und die Blockade aufzuheben, indem wir die Kinder anleiten, sich über Kreuz zu bewegen.

Bitten Sie das Kind, seinen Körper in eine entspannte Stellung zu bringen, indem es seine Füße in Schulterbreite ausrichtet. Bewegen Sie jetzt seinen Körper über Kreuz: den rechten Arm gleichzeitig mit dem linken Bein und den linken Arm mit dem rechten Bein. Lassen Sie diesen Bewegungsablauf zehn Mal pro Seite wiederholen! Wenn diese Übung im Stehen Schwierigkeiten bereitet, kann sie auch auf dem Boden liegend durchgeführt werden. Vielleicht fällt es dem Kind leichter, wenn die jeweils gegenüberliegende Hand ein Knie berührt.

Der ausgleichende Effekt dieses Bewegungsmusters wird zunächst nur kurzfristig sein. Es empfiehlt sich daher, diese Übungen mehrmals täglich anzuwenden, besonders dann, wenn das Kind unausgeglichen erscheint oder eine schwierige Aufgabe lösen muß. Die Ausgleichsspanne verlängert sich durch die Wiederholung und scheint zudem eine verstärkende Wirkung zu haben.

Die Effektivität dieser Übung können Sie überprüfen, indem Sie das Kind vorher und nacher einen Text vorlesen lassen. Vergewissern Sie sich, daß es nicht zweimal den gleichen Text liest. Wenn das Kind nach der Über-Kreuz-Bewegung leichter, entspannter und ausdrucksvoller liest, sollte sie zur Unterstützung über eine längere Zeitperiode hin angewendet werden.

Als ich den Kreuz-Gang das erste Mal einsetzte, hatte ich viele Bedenken. Mein Versuchskaninchen war John, ein Schüler der vierten Klasse mit Leseschwierigkeiten. Als sein Lehrer ihn aufforderte, laut vorzulesen, kam er nur stockend voran und übersah immer wieder einfache Wörter. Nachdem er je zehnmal den Kreuz-Gang durchgeführt hatte, schienen ihm die Wörter nur so von der Zunge zu fließen! Ich weiß nicht, wer am meisten überrascht war - John, der Lehrer oder ich.

Es ist nicht nötig, für den Kreuz-Gang die Unterrichtszeit zu opfern. Die Kinder können das Bewegungsmuster beispielsweise auf dem Weg von einem Klassenraum in den anderen durchführen oder zu Hause vor dem Fernseher und bei den Hausaufgaben.

HAPTISCHE ÜBUNGEN

Das haptische System verarbeitet Informationen unserer Haut, unserer Gelenkbewegungen und der Bewegungen unseres Körpers im Raum. Im haptischen System treffen sich taktile und kinästhetische Wahrnehmungen. Der Unterschied zwischen haptischen und grobmotorischen Bewegungen liegt darin, daß im haptischen Bereich oft die visuelle Wahrnehmung der Umwelt oder Symbole einbezogen werden, um eine Tätigkeit auszuführen. Wahrscheinlich ist das haptische System mit den sensorischen und motorischen Bereichen des Cortex verbunden.

Das haptische System wird bei jeder Körperbewegung aktiviert. Seine Wahrnehmung wird jedoch gesteigert, wenn wir die optische Wahrnehmung durch das Schließen der Augen ausschalten. Die folgenden Übungen sollten von den Kindern zunächst bei geöffneten Augen durchgeführt und anschließend mehrmals bei geschlossenen Augen wiederholt werden:

1. In die Luft schreiben;

2. Zahlen, Buchstaben oder Wörter mit einem Finger nachziehen;

3. mit dem Körper eine Form, eine Zahl oder einen Buchstaben darstellen;

4. auf den Rücken eines Kindes schreiben;

5. auf der Form eines Buchstabens, eines Wortes oder einer Zahl gehen;

6. mit Hilfe einer Körperbewegung oder -stellung ein Symbol oder eine Symbolgruppe darstellen.

TASTEMPFINDUNGEN

Viele Kinder haben Schwierigkeiten, ihre verschiedenen Sinneseindrücke geordnet zu verarbeiten und fühlen sich überfordert. Ermutigen Sie die Kinder, zwar alle Sinne zu nutzen, sich aber in einer Situation jeweils auf nur eine Sinneswahrnehmung zu konzentrieren. Beginnen Sie mit der visuellen Wahrnehmung. Jedes Kind erhält einen Gegenstand oder ein Stück Obst. Erklären Sie, daß jeder Gegenstand eine bestimmte Form, Größe, Farbe, Struktur und eine bestimmte räumliche Ausdehnung besitzt. Lassen Sie jedes Kind sein Objekt so gründlich untersuchen, bis es dieses visuell erfaßt hat. Nun schliessen die Kinder ihre Augen. Erklären Sie, daß man auch bei geschlossenen Augen durch Anfassen und Befühlen einige der sichtbaren Eigenschaften des Gegenstandes wahrnehmen kann. Anschließend werden die Kinder aufgefordert, an ihrem Gegenstand zu reiben, ihn fallen zu lassen, auf den Tisch zu werfen und dabei auf die entstehenden Geräusche zu achten.

Wenn die Kinder diese Vorgehensweise verstanden haben, präsentieren Sie ihnen ein Wort, das sie mit allen Sinnen erforschen sollen.

Geben Sie folgende Anweisungen:

1. Was fällt Dir auf, wenn Du Dir das geschriebene Wort ansiehst? Achte auf die Länge, die Anzahl der Buchstaben, die Gestalt und den Klang.

2. Ziehe die Buchstaben des Wortes nach. Wie fühlt sich das an?

3. Schließe die Augen und stelle Dir das, was das Wort bezeichnet, vor. Wonach sieht es aus? Wonach fühlt es sich an? Kann man es für irgendetwas benutzen?

4. Höre das Wort in Deinem Kopf. Wonach klingt es? Macht der Gegenstand, den das Wort bezeichnet, irgendein Geräusch?

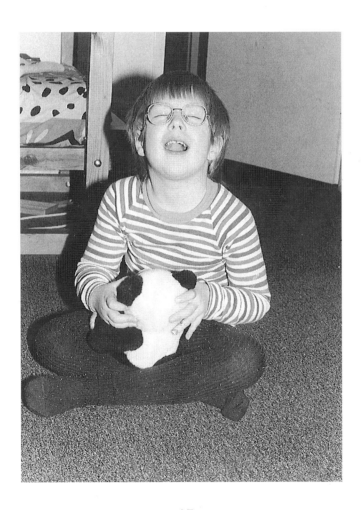

DAS GANZE WORT

Viele Kinder, die dem Testergebnis zufolge rechtshirnorientiert sind, haben mit jeder Art von Lautbildung Schwierigkeiten. Einzelne Laute machen sie geradezu unglücklich, denn gewöhnlich passiert folgendes:

Wenn ich die Kinder beispielsweise bitte, das Wort "Mop" auszusprechen, sagen sie: "Mmm-ooo-p." Daraufhin sage ich: "Sehr gut. Und was bedeutet dieses Wort?" Gewöhnlich bekomme ich eine Antwort wie: "Katze!" Fazit: Sie können keine Einzelteile zu einem Ganzen zusammenfügen, sondern brauchen das ganze Wort.

Das folgende Verfahren erwies sich als erfolgreich:

1. Schreiben Sie ein Wort an die Tafel oder auf ein Stück Papier.

2. Geben Sie dabei jedem Buchstaben eine andere Farbe (man nennt das Farb-Schock).

3. Lassen Sie die Kinder das Wort zunächst mit offenen Augen und anschließend mit geschlossenen Augen lesen und buchstabieren.

4. Nun sollen die Kinder sich das Wort bei geschlossenen Augen vorstellen.

5. Fordern Sie die Kinder auf, das Wort in ihrem Kopf zu hören, ohne dabei die Lippen zu bewegen.

6. Bitten Sie sie nun, bei geschlossenen Augen das Wort drei- bis fünfmal zu schreiben.

LAUTE

Die Bildung eines Wortes setzt die Fähigkeiten voraus, einerseits einzelne Laute zu unterscheiden und andererseits sie miteinander zu verbinden. Diese Fähigkeiten befinden sich hauptsächlich in der linken Gehirnhälfte und gehören zu der Denkweise, die vom Teil zum Ganzen führt. Um eine Denkweise, die vom Ganzen zum Teil führt, zu aktivieren, üben wir mit den Kindern kurze, nach dem gleichen Muster aufgebaute Wörter wie "Maus", "Haus", "Laus". Fragen Sie die Kinder, worin sich diese Wörter gleichen. Es ist wichtig, daß die Kinder die Ähnlichkeit selbst herausfinden. Anschließend sollen sie sich neue Wörter ausdenken, die dem vorgegebenen Wortmuster entsprechen. Erklären Sie, daß diese Ähnlichkeit auch "Reim" genannt wird. Schreiben Sie die Wörter der Kinder an die Tafel und fügen Sie weitere hinzu, indem Sie die bereits an der Tafel stehenden Wörter durch neue Buchstaben ergänzen oder ihre Buchstaben umstellen. Bringen Sie jedes neue Wort in Bezug zu einem bereits bekannten. Diese Übung ist noch effektiver, wenn die Kinder selbst die Wörter anschreiben und verändern, indem sie Buchstaben wegwischen und durch neue ersetzen. Am einfachsten ist das, wenn jedes Kind eine eigene kleine Tafel benutzt.

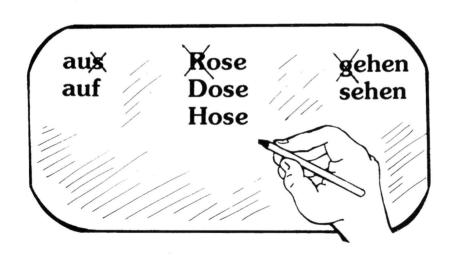

AUFEINANDERFOLGENDE EREIGNISSE (SEQUENZEN)

Rechtshemisphärische Kinder können wunderschöne Phantasiegeschichten und eigene Erlebnisse erzählen. Es fällt ihnen jedoch schwer, eine Serie von Ereignissen innerhalb eines Textes in der Reihenfolge zu erfassen oder eine zuvor gelesene Geschichte nachzuerzählen. Um diesen Kindern zu helfen, habe ich ihren ganzen Körper und ihren gesamten Denkprozeß in die Übungen miteinbezogen.

Geben Sie den Kindern einen Text mit deutlich aufeinanderfolgenden Ereignissen. Nachdem die Kinder den Text gelesen haben, wird er gemeinsam besprochen. Bitten Sie die Kinder anschließend, den Abschnitt in einzelne Sätze zu zerlegen, diese zu vermischen und anschließend wieder in ihrer ursprünglichen Reihenfolge zusammenzufügen.

Sie können den Schwierigkeitsgrad steigern, indem Sie eine ganze Kurzgeschichte als Grundlage nehmen, sie in Absätze zerlegen, vermischen und wieder zusammenfügen lassen. Durch diese Aufgaben bekommt das Kind ein Verständnis für Reihenfolgen.

Variieren Sie die Aufgaben:

1. Die Kinder bekommen drei oder mehrere Sätze, die in einem Textabschnitt oder einer Kurzgeschichte vorkommen. Fordern Sie die Kinder auf, alle entsprechenden Sätze im Text zu suchen und mit unterschiedlichen Farben zu unterstreichen. Anschließend werden die ursprünglichen Sätze mit der jeweils passenden Farbe gekennzeichnet und nach der aus dem Text ersichtlichen Reihenfolge durchnumeriert.

2. Geben Sie den Kindern eine Anzahl von einzelnen Sätzen. Die Kinder sollen diese Sätze auf ähnliche Sätze eines vorgegebenen Textes kleben.

3. Alle Kinder bekommen einen bestimmten Absatz einer Kurzgeschichte und sollen die aufeinanderfolgenden Ereignisse füreinander als Bilderfolge darstellen. Die Kinder können sich nun gegenseitig ein Feedback geben, ob die Reihenfolge ihrer Bildergeschichte auch für andere verständlich ist.

SEQUENZEN UND KÖRPERBEWEGUNG

Ich habe festgestellt, daß einige Kinder das Prinzip der Reihenfolge mit Hilfe von Bewegungsabfolgen schneller begreifen. Zeigen Sie den Kindern verschiedene aufeinanderfolgende Körperbewegungen. Legen Sie Ihre Hände auf den Kopf, anschließend auf Ihre Schultern und beugen Sie sich dann vornüber. Fordern Sie die Kinder auf, Ihnen zu zeigen, was Sie als Erstes, als Zweites und als Drittes getan haben. Nun zeigen Sie ihnen eine weitere Serie von Bewegungen. Diesmal fragen Sie zuerst nach Ihrer zweiten, dann nach Ihrer ersten und schließlich nach Ihrer dritten Bewegung. Nach einer Wiederholung sollen die Kinder die Bewegungen zeichnen.

Bitten Sie die Kinder nach dieser Übung, drei oder vier herausgegriffene Sätze und dann eine ganze Kurzgeschichte zu lesen. Fragen Sie, welcher der zuvor gelesenen Sätze als erster, als zweiter, als dritter ... usw. vorkam. Anschließend sollen sie die Sätze in ihrer Reihenfolge kennzeichnen.

Diese Methode hat sich intuitiv bei der Arbeit mit einer 2. Klasse entwickelt, die scheinbar nicht fähig war, das Prinzip der Reihenfolge zu verstehen. Wir haben bei dieser Vorgehensweise vermutlich ein komisches Bild abgegeben - aber nach nur 15 Minuten waren die Kinder in der Lage, eine Geschichte in die richtige Reihenfolge zu bringen.

TEXTAUFGABEN

Für rechtshirnorientierte Kinder ist es schwierig, gleichzeitig mit mehr als einem Begriffskonzept umzugehen. Daher können sie keine Textaufgaben lösen, denn sie erfordern einen gleichzeitigen Umgang mit Zahlen und Wörtern.

Im folgenden sind verschiedene Methoden dargestellt, um dieses Problem anzugehen. Bitten Sie die Kinder, die Textaufgabe bildlich darzustellen, indem sie die genaue Anzahl von Tischen, Stühlen usw. zeichnen und zählen. Nun sollen die Kinder nur die Wörter der Textaufgabe - ohne die Zahlenangaben - lesen und wiedererzählen. Dann wird die Geschichte im Rollenspiel dargestellt. Machen Sie die Kinder auf Schlüsselwörter aufmerksam, aus denen sie schließen können, ob sie addieren, subtrahieren, multiplizieren oder dividieren sollen. Wenn die Kinder sich die Aufgabe bildlich vorstellen können, finden sie ohne Schwierigkeiten den Lösungsweg.

BEISPIELE:

A. Daniel hat 3 Tüten mit Bonbons. In jeder Tüte sind 7 Bonbons. Wieviele Bonbons hat Daniel?

$$3 \times 7 = 21$$

B. Ein Zug fährt um 11 Uhr in München ab. Für die Fahrt nach Stuttgart benötigt er zwei Stunden. Wann kommt er in Stuttgart an?

Stuttgart 11 Uhr ⟶ 1 Stunde 12 Uhr ⟶ 2 Stunden 13 Uhr München

50

DAS LERNEN VON SILBEN

Einem Kind, das das Wort als Einheit erlebt, fällt es schwer, sich vorzustellen, daß es in einzelne Silben zerlegt werden kann.

Oft hilft es, die Silben durch Körperbewegungen zu betonen. Sprechen Sie gemeinsam mit den Kindern ein aus zwei Silben zusammengesetztes Wort. Die Kinder sollen sich nun für jede Silbe eine Bewegung überlegen. Wichtig ist, daß jedes Kind seine eigenen Bewegungen findet. Üben Sie so lange mit verschiedenen Wörtern, bis die Kinder mit Leichtigkeit die begleitenden Bewegungen finden. Erklären Sie, daß sie nun auf diese Weise ein Wort in zwei Silben geteilt haben. Schreiben Sie die Wörter an die Tafel und kennzeichnen Sie die Silbentrennungen durch Verwendung unterschiedlicher Farben. Bitten Sie die Kinder, weitere zweisilbige Wörter zu zerlegen, indem sie sich verschiedene Körperbewegungen vorstellen. Wenn die Kinder genug Übung haben, können Sie zu komplizierteren Wörtern und Bewegungen übergehen.

ant - wor - ten

GEGENSATZPAARE

Kinder müssen ein tiefes Verständnis vom Prinzip des Gegensatzes haben, bevor sie Gegensatzpaare bilden können. Bei Wörtern, die gegensätzliche Gefühle oder Bewußtseinsveränderungen bezeichnen, können Sie beim Erklären den ganzen Körper miteinbeziehen.

Bitten Sie die Kinder, ihre Augen zu schließen und sich zu entspannen. Nun sollen sie mit ihrem ganzen Körper das Wort "kalt" ausdrücken. Regen Sie die Kinder dazu an, sich dieses Wort in einer kalten Farbe vorzustellen, an etwas Kaltes zu denken, die Kälte im ganzen Körper zu spüren und ihn schließlich als einen Eisblock wahrzunehmen, der die Form des Wortes "kalt" bildet und dabei eine ähnliche Haltung einzunehmen.

Anschließend entspannen sich die Kinder und besinnen sich wieder auf sich selbst. Erklären Sie ihnen, daß "heiß" das Gegenteil von "kalt" ist. Lassen Sie Ihre Phantasie spielen und die Kinder mit Hilfe ihrer Vorstellungskraft und ihren Körperempfindungen in gleicher Weise das Wort "heiß" erfahren, und besprechen Sie dann die unterschiedlichen Empfindungen. Benutzen Sie dabei Gegensatzbegriffe wie glücklich/traurig, anziehen/abstoßen, angenehm/unangenehm.

Die Kinder werden die unterschiedliche Bedeutung der Gegensatzbegriffe verinnerlichen, wenn sie die Veränderung in ihrem Körper und ihren Gefühlen empfinden. Diese Technik eignet sich sehr gut für das Lernen von Wörtern und Vokabeln.

DIE KÖRPERUHR

Da rechtshirnorientierte Kinder offensichtlich ein unterentwickeltes Zeitgefühl haben, ist es oft ausgesprochen schwierig, ihnen einen Zeitbegriff zu vermitteln. Ebenso mühsam ist es, ihnen das Lesen der Uhr beizubringen. Durch folgende Übungen, die Vorstellungskraft, körperliche Darstellung, Körperbewegung und Umwelterfahrung kombinieren, kann die Zeit eine sehr persönliche Erfahrung für das Kind werden.

Lassen Sie die Kinder ihre Augen schliessen. Sie sollen sich vorstellen, sie seien Uhren. Dabei sollen sie die Arme nach oben heben und wie Uhrzeiger im Kreis bewegen. Die Kinder bringen ihre Arme in unterschiedliche Stellungen und sagen, welche Uhrzeit sie darzustellen glauben. Wahrscheinlich werden Sie überrascht feststellen, daß die Kinder sehr wohl die unterschiedlichen Uhrzeiten kennen, sie aber nicht benennen können.

Falls ein Kind überhaupt kein Zeitgefühl besitzt, können Sie folgendermaßen vorgehen: Lassen Sie es seine Arme direkt über den Kopf in eine 12-Uhr-Stellung bringen. Für viele Kinder ist eine auseinandergenommene echte Uhr, deren Zeiger sich in jede Position bringen läßt, sehr hilfreich. Achten Sie darauf, daß Sie in die gleiche Richtung wie das Kind schauen, wenn Sie die gewünschte Uhrzeit mit Ihrem eigenen Körper demonstrieren. Dann beginnen Sie mit der 1-Uhr-Stellung, 2-Uhr, 3-Uhr usw. ...

Wenn Sie die einzelnen Stunden durchgenommen haben, müssen Sie herausfinden, ob es den Kindern leichter fällt, als nächstes die Minuten oder die halben und viertel Stunden zu lernen. Achten Sie in jedem Fall darauf, daß die Kinder ihre Arme einsetzen, um die Zeigerstellung zu demonstrieren. Weniger anstrengend sind diese Übungen, wenn die Kinder ihre Arme bei der Halbe-Stunde-Stellung wechseln. Die Kinder sollten die Uhrzeiten mit ihren Armen zunächst nach der Vorgabe durch die Uhr oder Ihre Armstellung nachmachen, dann mit geschlossenen Augen, wenn Sie Ihnen die Zeit bloß mit Ihrer Stimme gesagt haben. Können die Kinder die verschiedenen Uhrzeiten mit Hilfe ihrer Körper darstellen, beginnt die Umsetzung auf Papier. Oft können die Kinder eine grobmotorische bzw. körperlich dargestellte Information nicht direkt auf das Papier übertragen. Diese Kinder benötigen als Zwischenschritt eine feinmotorische Tätigkeit. Lassen Sie die Kinder also Ziffernblätter aus Pappe mit Uhrzeigern aus Pappe oder Eisstielen herstellen. Achten Sie darauf, daß ein Zeiger kürzer ist als der andere. Je nach Lernmodalität der Kinder (auditiv oder visuell) können Sie nun die verschiedenen Uhrzeiten ausrufen oder an die Tafel schreiben. Wenn die Kinder in der Lage sind, Ihre Angabe auf der Pappuhr nachzuvollziehen, sind sie im allgemeinen für den nächsten Schritt reif und können die Zeigerstellung richtig auf dem Papier einzeichnen.

DIE VOLLEN STUNDEN

Je mehr Kinder ihren eigenen Körper in den Lernprozeß einbeziehen, desto schneller verstehen und verinnerlichen sie den Lernstoff.

Zeichnen Sie einen großen Kreis von ca. 1 Meter Durchmesser an die Tafel und kennzeichnen Sie ihn entsprechend einem Ziffernblatt von 1 bis 12. Zeigen Sie den Kindern Bilder von unterschiedlichen Uhren (Standuhr, Wecker usw.) und bitten Sie sie, sich in eine beliebige Uhr zu verwandeln.

Die Kinder stehen auf und heben beide Arme in die 12-Uhr-Position.

1. Die Schüler stellen sich vor, daß der linke Arm länger ist als der rechte.

2. Geben Sie die einzelnen Stunden der Reihenfolge nach an. Die Kinder halten den linken Arm in der 12-Uhr-Position fest und bewegen ihren rechten Arm zur jeweils genannten Zahl. Wenn Sie bei 6 Uhr angekommen sind, können die Kinder ihre beiden Arme wechseln, damit sie nicht ermüden.

3. Wenn die Kinder bei geöffneten Augen mühelos die richtige Uhrzeit-Position finden, wird die Übung bei geschlossenen Augen fortgesetzt und mehrmals wiederholt.

4. Nennen Sie jetzt die einzelnen Stunden ohne Reihenfolge. Lassen Sie die Kinder die richtige Armstellung finden.

5. Die Kinder bekommen einen Arbeitsbogen mit mehreren Ziffernblättern. Zu jeder Ihrer Zeitansagen stellen sich die Kinder nun die entsprechende Körperstellung vor und zeichnen dann die Zeigerposition auf den Arbeitsbogen ein. Erinnern Sie sie daran, daß ein Zeiger länger sein muß.

6. Schreiben Sie die vollen Stunden ohne Reihenfolge an die Tafel und benennen Sie sie anschließend. Die Kinder sollen immer auf die Zahlen zeigen, die die jeweilige Stunde angeben.

7. Die Schüler bekommen nun Arbeitsbögen, die auf der oberen Hälfte Zeitangaben und auf der unteren komplett ausgefüllte Ziffernblätter zeigen. Mit einem grünen Stift sollen sie oben die Zeit, die Sie nennen, unterstreichen. Dann wiederholen Sie die gleiche Uhrzeit. Jetzt wird auch das entsprechende Ziffernblatt unterstrichen. Für jede neue Uhrzeit wird die Farbe gewechselt. Zum Schluß können die Kinder die Uhren ausschneiden und unter die richtigen Zeitangaben kleben.

8. Sie können den Lerneffekt verstärken, wenn Sie im Laufe des Tages einzelne Kinder nach der Uhrzeit fragen.

DIE HALBEN STUNDEN

Einigen Kindern fällt es leicht, die vollen Stunden zu benennen, doch sie haben Schwierigkeiten mit den halben Stunden. Bis auf einige Variationen wird wieder die gleiche Methode angewendet:

1. Zeichnen Sie ein Ziffernblatt an die Tafel. Benutzen Sie für die eine Hälfte grüne, für die andere Hälfte gelbe Kreide.

2. Die Kinder bringen ihre Arme in die 12-Uhr-Position. Tragen Sie diese Position auch auf dem Ziffernblatt ein. Zeigen Sie nun, wie der längere Zeiger um das Ziffernblatt herumwandert und daß dabei Zeit vergeht. Erklären Sie, daß die Hälfte der Stunde vergangen ist, wenn der lange Zeiger bei der Ziffer 6 ankommt. Nennen Sie diese Zeigerstellung "halb-sechs" und "fünf Uhr dreißig".

3. Die Kinder bewegen ihre Arme sowohl mit geöffneten als auch mit geschlossenen Augen mehrmals von 12 Uhr zu 12.30 Uhr.

4. Wenn die Schüler das Prinzip verstanden haben, wird die nächste halbe Stunde geübt.

5. Nach dem gleichen Konzept werden auch die Viertel-Stunden und die Minuten vermittelt.

ÜBERBLICK VERSCHAFFEN

Wir können bei Kindern die Aufmerksamkeit für einen Lesetext wecken, indem wir sie **vor** dem Lesen bereits auf das Wichtigste aufmerksam machen. Diese Methode erlaubt den Kindern, vor dem geduldigen Lesen bereits die Seiten zu überfliegen, sich die Wörter und Bilder anzusehen und mit dem Text vertraut zu werden. So können Sie vorgehen:

1. Bildbeschreibung:

    a) Was passiert?
    b) Was ist die Tageszeit?
    c) Was wird als nächstes geschehen?
    d) Wie empfindest Du das?
    e) Welche Farben siehst Du?
    f) Wieviele Kinder siehst Du?

2. Fragen Sie die Kinder nach:

    a) einem bestimmten Wort;
    b) einem Punkt;
    c) einem Fragezeichen;
    d) dem ersten Wort der Seite;
    e) dem letzten Wort der Seite.

    Legen Sie Wert drauf, daß die Antworten schnell kommen.

3. Die Kinder sollen (ebenfalls ganz schnell) auf ein Wort zeigen, das:

    a) mit dem Laut .... beginnt;
    b) mit dem Laut .... endet;
    c) .... bedeutet;
    d) das Gegenteil von .... bedeutet;
    e) den Namen von einem Mädchen, einem Jungen, einem Tier usw. bezeichnet;
    f) eine Farbe bezeichnet;
    g) die Tageszeit benennt;
    h) aussagt, wie er/sie/es sich fühlt.

4. Bitten Sie die Kinder, laut vorzulesen.

EINFACHE ADDITION

Verwenden Sie für die ersten Rechenübungen Gegenstände wie Spielmarken, Reis oder Nudeln und bitten Sie das Kind, diese Gegenstände neben die Zahlen zu kleben.

Beispiel:

$$2 \bullet\bullet$$
$$+\ 3 \bullet\bullet\bullet$$

Einige Kinder müssen das ganze Muster vor Augen haben. Sie sollen ihre Spielmarken an die Stelle legen, wo das Ergebnis erscheint.

Beispiel:

$$2$$
$$+\quad 3$$

$$\bullet\bullet \mid \bullet\bullet\bullet$$

Dieses Konzept entdeckte ich bei der Arbeit mit fünf Schülern der ersten Klasse. Ich verwendete Spielmarken, Würfel und Sandpapierbuchstaben, aber nichts hatte Erfolg. Diese Kinder schienen den Additionsvorgang einfach nicht zu begreifen. Bis ich dazu überging, das Ergebnis als Muster darzustellen. Plötzlich gingen die Lichter auf. Sie verstanden in dem Moment, wo sie die Bestandteile der Antwort als Ganzes sehen konnten.

58

ADDITION MEHRERER ZAHLEN

Es gibt verschiedene Methoden, um untereinanderstehende Zahlen zu addieren. Meistens wird von oben nach unten addiert. Diese Vorgehensweise scheint für einige rechtshemisphärische Schüler schwer verständlich zu sein.

Ich gab diesen Kindern den Tip, in einer Aufgabe nach wiederkehrenden Mengen oder Mustern zu suchen. Hilfreiche Muster sind zum Beispiel: Zehner, Zahlengruppen (z.B. alle 6er oder 5er), zu multiplizierende Zahlen (mit der größeren Zahl beginnen) oder das Umstellen der Aufgaben.

Fordern Sie das Kind auf, eigene Lösungswege zu finden.

Bei dieser Aufgabe kann man (mit etwas Phantasie):

$$
\begin{array}{r}
4 \\
2 \\
6 \\
5 \\
1 \\
+\ 3 \\
\hline
21
\end{array}
$$

a) achtmal eine "2" und einmal eine "5" ermitteln oder $16 + 5 = 21$

b) zweimal eine "10" und eine "1" addieren oder $20 + 1 = 21$

c)
$$
\begin{array}{rcl}
4 + 2 & = & 6 \\
6 & = & 6 \\
5 + 1 & = & \underline{6} \\
& & 18 \\
& & \underline{+\ 3} \\
& & 21
\end{array}
$$

(Bei diesem Beispiel und bei einigen der folgenden mag es Ihnen auf den ersten Blick nicht gleich gelingen, die Schlüssigkeit einzusehen. Ihr linkes Gehirn wird sich entschieden gegen diese rechtshirnige Darstellungsweise wehren. Probieren Sie es trotzdem aus, den Kindern wird es helfen.)

SUBTRAKTION

Bei vielen Subtraktionsaufgaben kann das ganzheitliche Lernprinzip angewendet werden. Zum Beispiel bei diesen:

1. Kinder, die das Abziehen einer Zahl von einer anderen nicht verstehen, sollen zunächst eine gleichlautende Zahl zu zwei verschiedenen Zahlen addieren, so daß die untere Zahl mit einer Null endet.

BEISPIEL:

$$
\begin{array}{r}
84 + 2 = 86 \\
- \quad 68 + 2 = \underline{70} \\
\hline
16
\end{array}
\qquad \text{oder} \qquad
\begin{array}{r}
643 + 22 = 665 \\
- \quad 278 + 22 = \underline{300} \\
\hline
365
\end{array}
$$

2. Die folgende Methode wurde vor vielen Jahren angewandt und ist vielleicht für einige Kinder hilfreich. Die Zahl 10 wird bei der oberen Zahl rechts und bei der unteren Zahl links addiert. Dann wird substrahiert.

BEISPIEL:

$$
\begin{array}{ll}
\quad 84 \Rightarrow 80 + 14 & \text{(Die Zehn wurde zur 4 addiert, das ergibt 14.)} \\
- \quad 68 \Rightarrow 70 + 8 & \text{(Die Zehn wurde zur 6 addiert, das ergibt 70.)} \\
\hline
\quad 10 + 6 = 16 &
\end{array}
$$

60

3. Das Kind soll durch das Addieren subtrahieren lernen. Beginnen Sie mit einer kleinen Zahl. Benutzen Sie Ihre Finger oder Zählmarken und zählen Sie zuerst bis zur kleineren, dann bis zur größeren Zahl. Der Unterschied zwischen der kleineren und der größeren Zahl ist die gesuchte Antwort.

BEISPIEL:

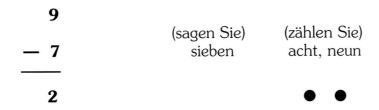

PUZZLES

Im letzten Jahr arbeitete ich mit Schulkindern, die unfähig waren, ein Puzzle zusammenzusetzen. Sie wurden mit dem Begriff "ausgeprägte Auge-Hand-Koordinationsproblematik" abgestempelt. Ich beobachtete, daß diese Kinder einen ausgesprochen starken Bewegungsdrang besaßen. Sie waren hier und da, oben und unten, drinnen und draußen. Auf die Ränder ihrer Arbeitsbögen kritzelten sie nichts lieber als kleine Bilder. Sie hatten viel Spaß. Nur Puzzles konnten sie nicht zusammenfügen. Also nahm ich das Puzzle und setzte es für ein Kind zusammen. Ich bat es, ein Teil herauszunehmen, zur Seite zu legen und wieder einzusetzen. Damit hatte es keine Probleme. Daraufhin kippte ich das ganze Puzzle auf den Tisch und das Kind setzte es problemlos wieder zusammen. Und warum? Weil ich ihm zuvor das vollständige, zusammengesetzte Bild gezeigt habe. Wenn ein Kind sein Spielzeug oder irgendetwas anderes nicht zusammenbauen kann, dann lassen Sie es mit dem kompletten Gegenstand anfangen und diesen dann in seine Einzelteile zerlegen:

1. Lassen Sie das Kind den vollständigen Gegenstand betrachten.

2. Das Kind soll den Gegenstand Schritt für Schritt auseinandernehmen.

3. Während des Arbeitens soll sich das Kind das Endergebnis vorstellen.

4. Geben Sie dem Kind ein Anschauungsmodell.

DER UMGANG MIT GEFÜHLEN

Rechtshemisphärische Kinder sind mitunter sehr frustriert aufgrund ihres Erfolgsmangels in der Schule und zeigen Störungen in ihren emotionalen Reaktions- und Verhaltensweisen. Die folgenden Übungen helfen dem Kind, seine Selbstkontrolle wiederzuerlangen und seine Gefühle auszudrücken.

**Kinder können lernen, Selbstkontrolle zu entfalten
und ihre Gefühle auszudrücken**

1. Fragen Sie die Kinder mehrmals am Tag, wie sie sich bei ihrer jeweiligen Beschäftigung fühlen.

    Beispiel: "Wie fühlst Du Dich?" "Auf welche Weise verändert sich das Gefühl Deines Körpers?" "Hindern Deine Gefühle Dich daran, weiterzuarbeiten?"

2. Bitten Sie die Kinder, sich mit geschlossenen Augen auf den Boden zu legen. Fragen Sie nach ihrem Körpergefühl.

    Beispiel: "Wie fühlen sich Deine Arme an?" "Fühlst Du Dich besser, wenn Du sie bewegst?" "Bereitet Dir irgendein Teil Deines Körpers Schmerzen?" "Kannst Du irgendetwas tun, um Dich besser zu fühlen?" "Hört der Schmerz auf, wenn Du Dich entspannst?"

3. Bitten Sie die Kinder, Ihnen in verschiedenen Lautstärken und Stimmlagen zu erzählen, wie es ihnen geht.

    Beispiel: "In der nächsten halben Stunde muß jeder, der etwas sagen will, schreien." "Sprecht jetzt ganz leise und behutsam." "Fühlt Ihr Euch dabei anders?" "Behandeln die anderen Euch jetzt anders?"

4. Geben Sie den Kindern alte Zeitschriften und bitten Sie sie, diejenigen Wörter und Bilder auszuschneiden, die etwas darüber aussagen, wie sie sich fühlen, was sie mögen und was sie nicht mögen. Jedes Kind soll mit seinen Bildern und Wörtern eine Collage über sich selbst basteln. Dann dürfen Sie raten, welche Collage zu welchem Kind gehört.

5. Die Kinder sollen mit großen Buchstaben ihre Namen auf Papier schreiben und zwar so, daß man erkennen kann, wie sie sich fühlen.

    Beispiel: "Gebt den Buchstaben eine Gestalt, die ausdrückt, wie Ihr Euch fühlt: groß oder klein, dünn oder dick usw. ..."

    "Sucht Euch eine Farbe aus, die sich wie Euer Name anfühlt und umfahrt die Buchstaben damit."

    "Malt Bilder um Euren Namen herum, die zeigen, wie Ihr Euch selbst empfindet."

ORDNUNG ZU HAUSE UND IN DER SCHULE

Rechtshemisphärische Kinder zeigen meist wenig Talent beim Aufräumen ihres Schreibtisches oder ihres Zimmers. Viel Erfolg bei der Vermittlung des Ordnungsprinzips konnten Eltern und Lehrer verzeichnen, die sich die bei Rechtshirnern übliche Faszination von Formen und Farben zu Nutze machten.

1. Benutzen sie bei den Hausaufgaben-Heften und Schnellheftern für jedes Fach eine andere Farbe. Bestehen Sie darauf, daß sich die ganze Klasse an Ihre Vorgabe hält.

2. Streichen Sie die Schrankfächer in unterschiedlichen Farben an und ordnen Sie deren Inhalte nach Farben oder Formen. So können beispielsweise alle blauen Kleidungsstücke in einem Fach untergebracht werden; Hosen werden auf rote, Hemden auf blaue Bügel gehängt.

3. Die Gegenstände auf und im Schreibtisch werden nach der Größe geordnet. Das größte Buch kommt beispielsweise nach unten usw. Sie können auch bunte Buchumschläge verwenden, um dem Kind die Wiedererkennung zu erleichtern.

4. Machen Sie die Kinder für die Aufrechterhaltung der Ordnung verantwortlich. Setzen Sie zu Hause und in der Schule Farben, Formen, Größen und Bilder ein, um den Platz der Gegenstände zu kennzeichnen.

5. Lassen Sie das Kind seine Arbeitsbögen mit verschiedenen Farben durchnumerieren - und zwar in der Reihenfolge, in der sie erledigt werden müssen. Auf diese Weise wird der Arbeitsbogen mit der grünen Nummer eins als erster bearbeitet. Damit das Kind die Reihenfolge behält, muß es selbst die Nummern aufschreiben.

6. Hilfestellungen für zu Hause:

   a) Kennzeichnen Sie die Besteckschublade mit verschiedenen Farben.

b) Zeichnen Sie die Besteckteile der einzelnen Fächer auf ihre Unterlagen.

c) Bringen Sie bunte Griffe an Kommoden an. So finden sich Socken, Unterwäsche usw. schneller.

d) Bringen Sie eine Organisation in den Schrank des Kindes.

Manchmal helfen diese Maßnahmen den Eltern ebenso wie dem Kind. Eine Mutter schrieb: "Ihre Methoden sind so einfach, daß ich zunächst nicht an sie glauben konnte. Als ich sie jedoch zu Hause ausprobierte, kam ich aus dem Staunen nicht mehr heraus: In Windeseile räumte mein Sohn sein Zimmer auf - zuerst die blauen, dann die roten, dann die grünen Gegenstände usw. In seinem Zimmer bleibt es natürlich nach wie vor nicht lange ordentlich. Aber er räumt auf, wenn ich ihn darum bitte."

**Rechtshemisphärische Kinder zeigen wenig Talent beim Aufräumen
ihres Schreibtisches und ihres Zimmers**

VERTIKALES SCHREIBEN

Kinder, die sich beim Test als rechtshirnorientiert erwiesen, gehen zunächst mit ihrer dominanten Hemisphäre an eine Aufgabenstellung heran und leiten sie dann an ihre nichtdominante Hemisphäre weiter. Sie arbeiten von rechts nach links. Diese Tatsache würde sich nicht negativ bemerkbar machen, wenn die Kinder chinesisch lernen würden. Bei unserer von links nach rechts verlaufenden Schreibweise geraten sie jedoch in Schwierigkeiten. Sie stellen einzelne Wörter im Satz um, schreiben in Spiegelschrift, verdrehen Buchstaben wie "b" und "d" oder bringen die Buchstaben innerhalb eines Wortes durcheinander. Die vertikale Schreibweise ordnet die Buchstaben eines Wortes so, daß ein rechtshemisphärisches Kind besser mit ihnen umgehen kann.

Schreiben Sie die Wörter so an die Tafel, daß ihre Buchstaben oder Sequenzen untereinander stehen. Bitten Sie die Kinder, zunächst jeden einzelnen Buchstaben und dann das ganze Wort vorzulesen. Wenn sie diese Übung mehrmals wiederholt haben, sollen die Schüler die Wörter vertikal und horizontal (von links nach rechts) in ihre Hefte übertragen.

K   an
a   bin
l   den
b

ARBEITEN IN SELBSTBESTIMMTER REIHENFOLGE

Bei einer großen Anzahl von Mathematikaufgaben ermüden die meisten Kinder, bevor sie ihre Arbeit beenden. Andere resignieren, wenn sie auf eine Aufgabenstellung stoßen, die sie nicht lösen können. Die ersten Aufgaben werden erledigt - wenn auch nicht immer richtig - aber zu den letzten Aufgaben kommen die Kinder nicht. Um dies zu vermeiden, sollen die Kinder sich die Aufgaben aussuchen, die sie zuerst erledigen wollen. Dadurch haben sie die Freiheit, erst einmal das zu tun, was sie können. Mit ihrem so gestärkten Selbstbewußtsein werden sie doppelt so viele Aufgaben lösen.

Dieses Verfahren funktioniert bei jeder selbständigen Tätigkeit.

Schreiben Sie die Hausarbeiten, die das Kind erledigen soll, auf eine Liste, und lassen Sie es selbst bestimmen, in welcher Reihenfolge es dabei vorgehen will. Denken Sie daran, daß Kinder, ebenso wie Erwachsene jeden Alters, stolz sind auf alles, an dessen Planung und Gestaltung sie selbst aktiv beteiligt waren.

STRUKTURIERTES VORGEHEN

Oft reagieren Kinder verwirrt, wenn sie mit verschiedenen mathematischen Aufgabenstellungen gleichzeitig konfrontiert werden (z.B. Addition, Subtraktion, Multiplikation). Sie beherrschen die verschiedenen Vorgehensweisen, können sie jedoch nur nacheinander anwenden. Die Kombination verschiedener Methoden auf einer Seite blockiert sie.

So vermeiden Sie die Verwirrung:

1. Jede Aufgabenseite enthält nur einen Aufgabentyp.

2. Zeigen Sie den Kindern, wie sie zunächst alle Additions- und anschließend die Subtraktionsaufgaben lösen können.

3. Fordern Sie die Kinder auf, die verschiedenen Aufgabentypen farblich zu kennzeichnen: Die Additionszeichen blau, die Subtraktionszeichen rot usw.

4. Die Kinder sollen alle Multiplikationsaufgaben in grün, alle Additionsaufgaben in blau und die Subtraktionsaufgaben in rot abschreiben.

PRÜFUNGEN

Bei der Analyse Ihres Prüfungsverfahrens werden Sie möglicherweise herausfinden, daß Sie eine Vorgehensweise entwickelt haben, die es ermöglicht, die Prüfung so effektiv wie möglich durchzuführen. Rechtshemisphärische Kinder scheinen den Prüfungsanforderungen besser gewachsen zu sein, wenn Sie ihnen vorab empfehlen:

1. Überfliege den Test und erledige zuerst die Aufgaben, die Dir am leichtesten fallen.

2. Arbeite Dich langsam durch den Test, indem Du jede Frage oder jede Mathematikaufgabe liest. Löse nur die Aufgaben, bei denen Du Dir sicher bist. Kreuze die Aufgaben an, die Du glaubst lösen zu können, und kennzeichne die schwierigen Aufgaben mit einem Fragezeichen.

3. Es ist gleichgültig, ob Du von vorn oder von hinten anfängst - löse alle Aufgaben, die Du lösen kannst. Probiere verschiedene Erinnerungsmethoden aus:

   a) Stelle Dir die Antwort vor.

   b) Stelle Dir vor, wie Du die richtige Antwort im Buch suchst.

   c) Stelle Dir vor, wie Dein Lehrer vor der Klasse steht und die richtige Antwort sagt.

   d) Schließe Deine Augen und schreibe die Antwort auf, die in Deinem Inneren auftaucht.

4. Geh zurück zu jenen Fragen, die Du bisher nicht beantworten konntest. Benutze wieder die obigen Erinnerungshilfen. Wenn sie nicht funktionieren, versuche folgendes:

a) Schließe alle Antworten aus, die Du als falsch empfindest.

b) Entspanne Dich und atme dreimal tief durch. Dann gebe die Antwort, die Du als richtig empfindest.

DIE SCHRIFTLICHE DARSTELLUNG

Obwohl rechtshemisphärische Kinder ein ausgezeichnetes Verständnis für die räumlichen Beziehungen ihrer Umwelt besitzen, fällt es ihnen schwer, Zahlen und Buchstaben auf einem Blatt Papier richtig zu plazieren. Oft bekommen sie schlechte Noten, weil die Lehrer ihre Arbeiten nicht lesen oder nachvollziehen können, oder sie kommen zu einem falschen Ergebnis, weil die Zahlen nicht am richtigen Platz stehen. Ein typisches Beispiel war David. Obwohl er sich sehr bemühte, unterliefen ihm immer wieder Fehler (siehe Abbildung A).

Kindern wie David kann man helfen, indem man ihr Papier so dreht, daß die Linien nicht quer, sondern längs verlaufen wie bei Abbildung B. Dadurch entstehen einzelne Spalten für Einer, Zehner und Hunderter. Benutzen Sie diesen Trick auch bei Multiplikationen, Divisionen und umfangreichen Additionen.

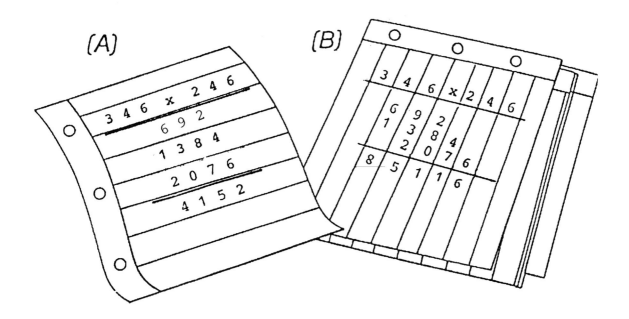

KONZENTRATION DURCH FARBEN

Ich habe die Erfahrung gemacht, daß rechtshirndominante Kinder sehr empfänglich für Farbeindrücke sind. Sie konnten beschreiben, wie Farben schmecken, welche Gefühle sie bei ihnen wecken und welche Farben sie mit welchen Personen verbinden. Anhand dieser Erkenntnis verstand ich die Bedeutung, die der Farbe meiner Kleidung, einem bunt angestrichenen Klassenraum, der Farbe ihres Schlafzimmers oder der Farbe eines bevorzugten Spielzeugs zukommt.

Wenn man den Kindern ihre Beziehung zu Farben und deren Auswirkung auf ihre Gefühle bewußt machte, konnten sie mehr Kontrolle über ihr Verhalten entwickeln. Ich ließ die Kinder anhand einer Auswahl verschiedener Farben herausfinden, was sie beruhigte, sie sich gut fühlen ließ, ihre Aufmerksamkeit erregte und ihre Lernfähigkeit steigerte. Um sich stimulieren zu lassen, bedeckten sie ihre Tischplatten mit einer bestimmten Farbe, legten ihre Arbeitsbögen und Hausaufgaben darauf und hatten sie dadurch bei der Arbeit immer vor Augen. Da Kinder sehr veränderliche Wesen sind, funktioniert es nicht, jeden Tag die gleiche Farbe anzuwenden. Sie sollten die Möglichkeit haben, für jeden Tag eine ihren spezifischen Bedürfnissen entsprechende Farbe auszuwählen.

Die Kinder zeigten bei dieser Anwendung von Farbunterlagen oft eine positive Entwicklung in ihrem Verhalten und in ihrer Konzentrationsfähigkeit. Ein Kind beispielsweise war pausenlos in Bewegung . Es war überall gleichzeitig - und immer zur falschen Zeit. Dieses Kind bevorzugte die Farbe Rot. Als ich fragte, warum es durch die Farbe Rot stillsitzen und besser denken kann, antwortete es: "Durch diese Farbe werde ich ganz warm und schwer. Durch die anderen Farben bekomme ich dagegen Lust zu fliegen."

Ich weiß bis heute nicht genau, warum die Anwendung farbiger Unterlagen funktioniert. Aber das Wichtige ist ja schließlich, daß sie vielen Kindern weiterhelfen.

Erlauben Sie Ihrem Kind zu Hause, sich für sein Schlafzimmer, für den Spielbereich und für seine Kleidung diejenigen Farben auszuwählen, die ihm angenehm sind, d.h. seinen Streß abbauen und konzentrieren helfen. Halten Sie sich nicht an ein Schema ("grün beruhigt"). Zusammen mit dem Kind werden Sie herausfinden können, welche Farbe ihm wirklich innere Ruhe gibt.

MIT FARBEN SCHREIBEN

Die besondere Affinität, die rechtshemisphärische Kinder zu Farben, besonders zu leuchtenden Tönen, haben, läßt sich vielfach für den Lernprozeß einsetzen.

Lassen Sie die Kinder einzelne Buchstaben, neue Wörter oder Multiplikationsaufgaben in bunten Farben aufschreiben. Dabei erhält jeder Buchstabe eine andere Farbe.

Jedes Kind soll mit der Farbe Grün, die den Anfang bzw. das Losgehen symbolisiert, beginnen. Die weitere Farbfolge kann es dann selbst bestimmen.

Die Farbschrift scheint vielen Kindern, die Schwierigkeiten mit der Richtungsorientierung, der visuellen Unterscheidung und der folgerichtigen Erinnerung haben, zu helfen.

grün orange blau rot schwarz

F A R B E

Zwei Jahre lang vertauschte Lisa die Buchstaben ihres Namens. Nachdem sie eine Woche lang auf alles, was sie machte, ihren Namen in verschiedenen Farben geschrieben hatte, verschwand die Buchstabenverdrehung.

Peter versagte in allen Rechtschreibtests. Nachdem er eine Zeitlang alle Wörter in bunte Buchstaben zerlegt hatte, besteht er heute jeden Test - manchmal sogar mit "sehr gut".

REGENBOGENSCHRIFT

Kinder lieben Regenbogen. Sie lieben die Farben und die Phantasie von einem Regenbogen. Benutzen Sie die positive Assoziation, um ihnen das gleiche Verhältnis zu Buchstaben zu vermitteln.

Lesen Sie eine Geschichte über den Regenbogen vor, schauen Sie sich gemeinsam mit den Kindern Bilder von Regenbogen an. Vielleicht haben Sie sogar das Glück, gemeinsam einen realen Regenbogen zu betrachten.

Geben Sie jedem Kind einen oder mehrere Buchstaben, mit dem es Probleme hat, und bitten Sie es, die Konturen mit bunten Stiften nachzufahren, bis alle Farben des Regenbogens enthalten sind.

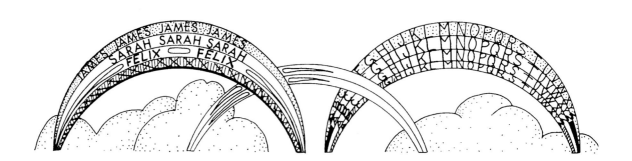

VARIATIONEN:

1. Malen Sie einen Regenbogen an die Wand, indem sie den Namen jedes Kindes in einer anderen Farbe anschreiben.

2. Nehmen Sie ein großes Kalenderblatt, auf dem ein Himmel abgebildet ist. Lassen Sie die Kinder Buchstaben in Regenbogenfarben daraufkleben.

3. Ziehen Sie eine Leine quer durch den Raum und hängen Sie Regenbogenbuchstaben daran.

4. Stellen Sie ein Regenbogen-Album her. Jede Seite zeigt einen Regenbogenbuchstaben. Um ihn herum werden Bilder aus Zeitschriften in Form eines Regenbogens geklebt.

5. Geben Sie jedem Buchstaben des Alphabets eine eigene Farbe und ordnen Sie die Buchstaben in Form eines Regenbogens an.

6. Schreiben Sie einen Regenbogen mit Schreibschrift.

7. Zeichnen Sie die Linien eines Regenbogens auf Schreibpapier. Die Kinder sollen jeden Zwischenraum mit einer Farbe des Regenbogens ausmalen.

SCHREIBRICHTUNG

Den meisten Kindern ist klar, daß eine grüne Ampel zum Losgehen und eine rote Ampel zum Stehenbleiben auffordert. Indem sie auf die linke Seite des Arbeitsbogens einen grünen Punkt und auf die rechte Seite einen roten Punkt setzen, lernen die Kinder, mit dem Schreiben auf der linken Seite anzufangen und nach rechts zu arbeiten.

Hier ein paar Anregungen, wie diese Methode eingesetzt werden kann:

1. Schreiben Sie den ersten Buchstaben mit grüner Farbe und setzen Sie an das Ende des Satzes einen roten Punkt.

2. Beginnen Sie jeden Absatz mit der Farbe Grün.

3. Malen Sie dem Kind einen grünen Punkt auf die linke und einen roten auf die rechte Hand.

4. Kleben Sie grüne und rote Punkte auf den Schreibtisch, die Tür, den Arbeitsbogen usw.

5. Geben Sie der ersten Linie des Schreibpapiers eine grüne und der letzten eine rote Farbe. (Benutzen Sie für farbenblinde Kinder, die rot und grün nicht sehen können, andere Farben).

BUNTER REIS

Gewöhnlicher Reis kann leicht eingefärbt werden, indem Sie ihn über Nacht in Lebensmittelfarbe legen und anschließend trocknen lassen.

Geben Sie den Kindern Beispiele von geschriebenen Gesprächen, Adressen, Ansprachen, Zusammenfassungen, Kurzfassungen usw. Achten Sie darauf, daß in Ihren Beispielen die Kommas, Punkte und Fragezeichen richtig gesetzt sind.

Bitten Sie die Kinder nun, den blauen Reis auf die Fragezeichen, den roten auf die Kommas und den grünen auf die Apostrophe zu kleben. Wenn diese Übung zwei oder drei Tage erfolgreich durchgeführt worden ist, sollen die Kinder einen Text selbständig durch seine Satzzeichen vervollständigen, indem sie den bunten Reis an die richtigen Stellen kleben.

In gleicher Weise können auch Verben mit rotem Reis und Substantive mit blauem Reis unterstrichen werden.

Bei jeder Kombination von Farbe mit einer Auge-Hand-Koordination wird die sensorische Stimulation gesteigert.

WORTMUSTER

Sie können Farbe einsetzen, um die Ähnlichkeit verschiedener Wörter hervorzuheben. Kinder können ähnliche Wortmuster leicht erkennen, wenn sie farblich markiert sind.

Schreiben Sie Wörter mit ähnlicher Buchstabenfolge (z.B. Baum, Raum, Saum) an die Tafel. Verwenden Sie dabei für das Muster (aum) bei allen Wörtern die gleiche Farbe, während alle anderen Buchstaben mit anderen, verschiedenen Farben geschrieben werden. Erklären Sie den Kindern, daß der Klang des Wortes gleichbleibend ist, wenn das gleiche Farbmuster auftaucht und sich verändert, wenn eine neue Farbe erscheint.

Das gleiche Konzept kann auch zur Lösung mathematischer Aufgaben angewandt werden (z.B.: 2 + 3 = 3 + 2 = 1 + 4). Alle Aufgaben der gleichen Farbe haben die gleiche Lösungszahl.

Zur Verstärkung des Konzeptes ist es wichtig, daß die Kinder die Aufgaben eigenständig in den verschiedenen Farben aufschreiben.

DAS AUSLEIHEN

Das Subtrahieren stellt für viele Kinder erst dann ein Problem dar, wenn sie Zahlen umgruppieren oder ausleihen sollen. Es hilft ihnen nicht weiter, wenn Sie sagen: "Zieht die untere Zahl von der oberen Zahl ab" - sie werden immer die kleine Zahl von der großen subtrahieren, im folgenden Beispiel also die "4" von der "7" und nicht umgekehrt.

TYPISCHES FEHLER-BEISPIEL:

$$\begin{array}{r} 34 \\ -\ 27 \\ \hline 13 \end{array}$$

Kennzeichnen Sie die Zahlen mit Farbe, indem sie die obere Zahl rot und die untere grün schreiben. Sagen Sie: "Zieht die grüne Zahl von der roten Zahl ab". Die Kinder scheinen die Vorgehensweise zu verstehen, wenn ihr Denken mit Hilfe von Farben organisiert wird.

BEISPIEL:

$$\begin{array}{rl} 34 & \text{(rot)} \\ -\ 27 & \text{(grün)} \\ \hline \end{array}$$

Ältere Kinder, die komplexere Aufgaben lösen müssen, sollen die sich verändernden Zahlen farblich kennzeichnen oder umkreisen.

BEISPIEL:

$$\begin{array}{rrrrr} 3 & 4 & ⓪ & 8 & ② \\ -\ 1 & 2 & 6 & 4 & 3 \\ \hline \end{array}$$

81

EINER - ZEHNER - HUNDERTER

Benutzen Sie wieder Farben. Schreiben Sie in verschiedenen Farben die Worte "Einer", "Zehner", "Hunderter", "Tausender" und "Millionen" auf einen großen Bogen Papier. Hängen Sie diesen so im Klassenzimmer auf, daß jedes Kind ihn vor Augen hat. Erklären Sie den Kindern, daß eine Zahl, die sie in der gleichen Farbe schreiben wie das Wort "Hundert" geschrieben steht, auch Hundert genannt wird. Schreiben Sie verschiedene Zahlenbeispiele in ihrer zugehörigen Farbe an, z.B. 212, 429, 634. Bitten Sie die Kinder, die Zahlen als Gruppe zu lesen. Fordern Sie dann einzelne Kinder auf, bestimmte Zahlen vorzulesen. Lassen Sie die Kinder einige Tage lang Zahlen mit Bunt- oder Filzstiften von der Tafel abschreiben.

214.103.027

| grün für | rot für | blau für |
| Millionen | Tausender | Hunderter |

ANSCHAUUNGSMODELLE

Da rechtshirnorientierte Kinder visuelle Lerner sind, müssen sie manchmal erst das Bild der gelösten Aufgabe sehen, bevor sie sich überhaupt vorstellen können, was von ihnen erwartet wird. So können Eltern und Lehrer ihre Kinder unterstützen:

1. Bereiten Sie ein fertiges Modell vor, wenn das Kind eine handwerkliche Tätigkeit ausführen soll.

2. Zeigen Sie dem Kind ein Beispiel, bevor Sie es auffordern, eine neue Aufgabe zu lösen.

3. Geben Sie bei einem Test die Lösung der ersten Aufgabe vor.

4. Markieren Sie den Raum, um die Kinder daran zu erinnern, in welche Richtung ihre Arbeitsbögen zeigen sollen.

5. Bleiben Sie konsequent und geben Sie optische Anhaltspunkte vor, wenn Sie häufig mit Farb-Markierungen arbeiten. Wenn die Kinder beispielsweise gelbe Hefte für ihre Mathematikarbeiten benutzen, sollten auch Sie eine gelbe Mappe verwenden, um die Arbeiten entgegenzunehmen.

VISUELLE VERSTÄRKUNG

Um das Lesen zu lernen, benötigen einige Kinder mehr Anreize als den Anblick eines Wortes. Sie brauchen zusätzliche Stimuli, um das Konzept des "ganzen Wortes" zu verinnerlichen. Schreiben Sie ein Wort an die Tafel und geben Sie ihm eine Gestalt, indem Sie es mit bunter Kreide umfahren.

BEISPIEL:

Bitten Sie die Kinder, sich das Wort und seine Umrisse in ihrem Kopf vorzustellen. Üben Sie dies mit mehreren Wörtern. Zeichnen Sie auf eine Seite der Tafel die Umrisse und schreiben Sie auf die andere Seite die Wörter. Die Kinder sollen nun die sich entsprechenden Teile zusammenfügen. Anschließend geben Sie den Kindern nur die Umrisse vor und lassen Sie sie das richtige Wort einfügen. Geben Sie den Kindern dann nur Wörter und lassen Sie sie die Formen zeichnen. Fordern Sie die Kinder auf, die Figuren wie Puzzles zusammenzufügen.

VARIATIONEN:

1. Der Umriß wird mit Wolle, Reis, etc. aufgezeichnet.

2. Stellen Sie Umrißkarten her, auf deren Rückseite das zugehörige Wort steht.

3. Schneiden Sie aus buntem Papier die Formen von Wörtern aus.

4. Sagen Sie ein Wort und bitten Sie die Kinder, die Umrisse zu zeichnen.

5. Geben Sie den Kindern verschiedene Wort-Umrisse. Fordern Sie sie auf, mit den Umrissen einen Satz zu schreiben. Viel Spaß dabei, wenn:

   a) die Kinder ihre Sätze vorlesen;

   b) die Kinder versuchen, gegenseitig ihre Sätze zu erraten.

WORTSPIELE

Manche Wörter sind für Kinder schwer zu lernen, weil sie keine konkrete Vorstellung mit ihnen verknüpfen können. Bitten Sie die Kinder, ein Wort auf Zeitungspapier zu schreiben und sich vorzustellen, dieses Wort sei eine Hindernisbahn. Über welche Buchstaben des Wortes können sie springen, klettern, von welchem herunterrutschen, und durch welche können sie hindurchkriechen? Sie können diese Idee noch weiter ausbauen, indem Sie die Kinder eine Geschichte erfinden oder Bilder darüber malen lassen, was sie mit jedem einzelnen Buchstaben anstellen würden. Arbeiten Sie das erste Wort gemeinsam durch!

BEISPIEL:

h   i   e   r

1. Ich springe über das **h**
2. stelle mich auf das **i**
3. rutsche vom **e**
4. und hänge am **r**

86

KREATIVE ARBEITSBÖGEN

Arbeitsbögen sind oft sehr langweilig. Versuchen Sie, kreativ zu sein! Bitten Sie die Kinder, sich auszudenken, was sie ohne die Benutzung eines Schreibgerätes alles mit ihrem Arbeitsbogen machen könnten. Geben Sie folgende Anregungen:

1. Klebt Wolle oder Glasperlen unter die Antworten.

2. Klebt Mosaike aus Glasperlen oder Papier, anstatt die Bilder auszumalen.

3. Klebt über die Plus- und Minuszeichen Wolle, damit Ihr Euch gut daran erinnert, was Ihr tun müßt.

4. Zerschneidet den Arbeitsbogen und gestaltet ihn nach Eurer Vorstellung, indem Ihr ihn auf Euer Schreibpapier klebt.

5. Schmückt oder verändert das Bild mit Materialien aus der Natur (z.B. Gras, Zweige, Blätter).

6. Stellt aus dem Arbeitsbogen ein Puzzle her.

7. Schneidet Bilder aus Zeitschriften aus und kombiniert sie mit den Bildern des Arbeitsbogens.

8. Lassen Sie die Kinder ihre eigenen Arbeitsbögen entwerfen. Wählen Sie einige davon für die Arbeit mit der ganzen Klasse aus.

DIE WANDTAFEL

Einige Kinder lernen hervorragend, wenn sie stehen. Doch wenn sie sich setzen, klappt nichts mehr. Ein Mädchen aus der 5. Klasse konnte beispielsweise vorne an der Tafel tadellos buchstabieren und bekam die Note 1. Aber immer, wenn sie auf ihrem Platz blieb, versagte sie total. Als wir das entdeckten, ließen wir sie alle neuen Wörter an der Tafel lernen und führten dort auch die Tests mit ihr durch.

Rechtshemisphärische Kinder haben einen ausgeprägten Bewegungsdrang. Entweder sitzen sie nur halb auf ihrem Stuhl oder schlagen einen Fuß nach hinten um und setzen sich drauf. Sie müssen öfter auf die Toilette als irgendein anderes Kind der Klasse. Ihr Stifte spitzen sie so lange, bis nur noch ein Stummel übrigbleibt. Sie lernen, während sie sich bewegen und viele von ihnen **müssen** aufstehen oder sich bewegen, um zu lernen.

Fazit: Wir müssen unsere Kinder aufstehen lassen und an die Tafel holen. Ich kann mich noch gut an meine eigene Schulzeit erinnern. Wir gingen zur Tafel und standen dort so lange, bis wir die Rechenaufgabe begriffen hatten. Manchmal stand ich den ganzen Tag an der Tafel - aber ich lernte das Rechnen. Und die anderen Kinder lernten auf ihren Stühlen, indem sie meine Bemühungen verfolgten.

Ich bitte Sie nachdrücklich darum, dieses Vorgehen in Ihrer nächsten Rechenstunde auszuprobieren. Stellen Sie Ihre sogenannten Rechtshirner an die Tafel, während die Linkshirner die gleichen Aufgaben auf ihren Stühlen lösen. Sie werden die Erfahrung machen, daß Sie auf diese Weise beide Gruppen gleichzeitig unterrichten können.

Eltern können das gleiche Prinzip zu Hause anwenden.

KLEINE TAFELN

Wenn Sie zu dem Typ Lehrer oder Eltern gehören, der die durch stehende Kinder verursachte Unruhe nicht erträgt, können Sie auch kleine Tafeln einsetzen, die die Kinder auf ihren Plätzen benutzen können. Ihre Benutzung erfordert eine Schulterbewegung durch die grobmotorische Muskulatur.

Schreiben Sie eine Rechenaufgabe an die Wandtafel, die die Kinder auf ihren kleinen Tafeln lösen sollen. Weisen Sie die Kinder an, daß sie ihre Tafeln hochhalten sollen, sobald sie die Aufgabe gelöst haben. Auf diese Weise stellen sie schnell fest, wer die Aufgabenstellung verstanden hat. Dieses Vorgehen kann vielseitig eingesetzt werden. Denn alles, was auf Papier geschrieben werden kann, läßt sich auch auf die Tafel schreiben.

Dafür können die Kinder beispielsweise ihre Tafel verwenden:

1. Bei einem Probediktat.

2. Für Schriftübungen.

3. Zum Festhalten kreativer Gedanken beim Hören von Musik.

4. Bei Zahlen oder Rechtschreibübungen.

5. Beim Zerlegen von Wörtern in Silben.

6. Bei einem Frage-Antwort-Test während einer Stoff-Wiederholung.

BUCHSTABEN AUF ALLEN VIEREN

Manche Kinder stehen auf einem sehr niedrigen Niveau ihrer grobmotorischen Entwicklung. Sie müssen auf allen Vieren krabbeln, um eine stabile Lernebene zu erreichen.

Legen Sie eine Schnur in der Form von Buchstaben und Zahlen mit ca. 1 bis 1,5 m Durchmesser auf den Fußboden und lassen Sie die Kinder darauf langkriechen. Das ist die beste Methode, um ihnen Zahlen und Buchstaben beizubringen. Achten Sie darauf, daß die Kinder sich im "Über-Kreuz"-Muster bewegen, d.h. der rechte Arm bewegt sich gleichzeitig mit dem linken Bein. Es ist bei dieser Übung wichtig, daß die Kinder immer wieder das Wort, den Buchstaben oder die Zahl, die sie abkriechen, vor sich hersagen.

Ein Jugendlicher, der zu den besten Schwimmern der Schule gehörte, konnte durch die üblichen Lehrmethoden keine Buchstaben behalten. Wir ließen ihn die Buchstaben abschwimmen - und er beherrschte sie bereits nach einer Unterrichtsstunde. Als nächstes lernte er einzelne Wörter und konnte schließlich lesen. Als er gefragt wurde, auf welche Weise er die neuen Wörter lernt, antwortete er überrascht: "Ich schwimme sie einfach in meinem Kopf ab!"

ZAHNSTOCHERMÄNNCHEN

Zahnstocher, Streichhölzer und ähnliche Gegenstände eigenen sich hervorragend für die Darstellung des Körpers. Indem das Kind seinen eigenen Körper als Zahnstochermännchen darstellt, entdeckt es die Beziehungen zwischen seinen einzelnen Körperteilen und wie sie miteinander verbunden sind.

Der Körper kann mit einem aus vier Zahnstochern bestehenden Viereck gelegt werden. Für den Hals kann das Kind einen Zahnstocher in kleine Teile brechen. Jeder Arm besteht aus zwei Streichhölzern, so daß das Kind den Knick am Ellenbogen deutlich erkennen kann. In gleicher Weise werden die Beine dargestellt, ergänzt durch ein kleines Hölzchen als Fuß. Es soll dem Kind deutlich werden, daß der Fuß vom Bein wegzeigt. Geben Sie den Kindern für

den Kopf ein kleines, rundes Stück Papier - sonst kommt es auf die Idee, einen Quadratschädel zu haben.

Falls das Kind die Zahnstocher ohne Anschaungsmodell nicht an die richtige Stelle legen kann, können Sie ihm Bilder aus Zeitschriften geben und die Zahnstocher über die einzelnen Körperteile legen lassen. Verwenden Sie jedoch kein Zahnstocherbild als Vorlage. Wir haben festgestellt, daß die Kinder Modelle aus Zahnstochern nicht mit wirklichen Körpern assoziieren. Das können sie erst **nachdem** sie diese Übung durchgeführt haben.

Mit Zahnstochern können Sie auch das Alphabet unterrichten. In einer Kombination mit Kreisen können alle Buchstaben zusammengesetzt werden.

INTUITIVES LESEN

Ich habe mit vielen ungewöhnlichen Kindern gearbeitet, aber den absoluten Höhepunkt meiner Lehrerfahrungen erlebte ich mit einem Jungen aus der vierten Klasse, der nicht lesen konnte. Es war offensichtlich, daß Michael ein intelligenter Junge war - aber er konnte nicht lesen.

Obwohl ich mir nicht sehr sicher war, ob ich Michael helfen konnte, las er bereits zwei Stunden später wie ein Drittkläßler und hatte dabei ein volles Textverständnis. Wir waren beide sehr überrascht. Meine Überraschung steigerte sich noch, als er innerhalb weniger Wochen das Lesebuch der vierten Klasse bewältigt hatte.

Ich muß erklärend hinzufügen, daß Michael nicht tatsächlich innerhalb von zwei Stunden Lesen lernte. Nach meiner Überzeugung hatte dieser Junge Informationen, die mit Lesen und Wortschatz zu tun haben, seit langem in seiner rechten Gehirnhälfte gespeichert. Für das Lesen und Entschlüsseln von Buchstaben hatte er jedoch immer vergeblich seine linke Hemisphäre eingesetzt. Nachdem ich ihm zeigte, wie er seine Gedanken in der rechten Hemisphäre zentrieren und die Wörter intuitiv auffangen kann, anstatt sie mühsam zu entziffern, konnte er plötzlich die über Jahre hinweg gespeicherten Informationen abrufen.

In der Hoffnung, daß dies keine einmalige Erfahrung war, testete ich diese Methode auch bei anderen Kindern. Zu meiner freudigen Überraschung funktionierte sie! Vielen Kindern gelang der Sprung in die ihnen angemessene Schulklasse.

1. Bitten Sie das Kind, Ihnen etwas vorzulesen. So bekommen Sie einen Eindruck von seiner normalen Leistung. Benutzen Sie dabei einen Lesetext, der dem Kind bereits vertraut ist.

2. Sagen Sie: "Versuche mit geschlossenen Augen, deine Lieblingsfarbe im Kopf zu sehen. Zeige mit dem Finger an die Stelle deines Kopfes, wo Du die Farbe sehen kannst." (Daran erkennen Sie, ob die Kinder wirklich die Farbe sehen können und das Kind empfindet die Farbe durch die Lokalisierung noch deutlicher.)

3. Sagen Sie: "Behalte die Vorstellung Deiner Lieblingsfarbe weiterhin in Deinem Kopf. Wenn Du jetzt die Augen öffnest, bitte ich Dich zu lesen, ohne dabei über die Wörter nachzudenken. Denke stattdessen an Deine Farbe. Laß Dir von Deiner Farbe sagen, um was es geht, wenn Du ein Wort nicht kennst."

4. Lassen Sie das Kind die Augen öffnen und lesen. Das Kind soll beim Lesen einen fließenden Rhythmus beibehalten.

   a) Beginnt das Kind, über ein Wort nachzudenken oder bei einem Wort ins Stocken zu geraten, soll es seine Augen schließen, seine Farbe visualisieren und in der Farbe das richtige Wort finden.

   b) Unterbrechen Sie das Kind und beginnen Sie erneut mit der Farbe, wenn der Lesefluß abnimmt und das Kind anfängt, Wort für Wort zu lesen.

   c) Sie werden dieses Verfahren oft wiederholen müssen, bis das Kind automatisch seine Augen schließt oder die Wörter durch die Benutzung seiner Farbe findet.

Diese Methode funktioniert nicht bei allen schlechten Lesern, bringt aber bei vielen gute Erfolge. Kinder ab der 3. Klasse scheinen am besten darauf anzusprechen.

FARBLEHRE

In ein ganzheitliches Lehrkonzept muß die gesamte Umgebung des Kindes miteinbezogen werden. Kinder sammeln ihre ersten Lernerfahrungen in ihrer unmittelbaren Umgebung. Wir müssen unseren Blick daher zunächst auf all die Informationen richten, die das Kind bereits aufgenommen hat, bevor wir ihnen irgendetwas Neues vermitteln.

Ein gutes Beispiel ist die Lehrerin, die zu mir sagte: "Ich habe in meiner Klasse ein kleines Mädchen, das die Farben nicht bestimmen kann, obwohl ich bereits alles versucht habe." Ich schlug ihr vor, mit dem Kind ins Freie zu gehen um herauszufinden, welche Farben das Kind bereits kennt. Als sie das Kind fragte, welche Farbe das Gras hat, sagte es: "Grün." Als sie nach dem Himmel fragte, antwortete es: "Blau." Das Mädchen konnte jedoch nicht die Farbe eines grünen oder blauen Buntstiftes bestimmen. Erst als die Lehrerin dem Kind draußen in seiner Umgebung zeigte, daß der grüne Buntstift die gleiche Farbe hat wie das grüne Gras, konnte es plötzlich die Verbindung zwischen der Information, die es bereits besaß, und der neuen, symbolischen Information der Lehrerin herstellen.

Auf diese Weise hat die Lehrerin, ohne sich dessen bewußt zu sein, ihre Lehrmethode um ein weiteres ganzheitliches Konzept bereichert. Indem sie dem Mädchen gleichzeitig verschiedene Farben seiner Umwelt zeigte, vermittelte sie ihm eine holistische Vorstellung der Farben und gab ihm die Möglichkeit, ihre Unterschiedlichkeit wahrzunehmen. Dieses holistische Bild wäre nicht entstanden, wenn dem Kind nur jeweils eine Farbe zu einem Zeitpunkt gezeigt worden wäre.

SICH IN FARBEN EINROLLEN

Rechtshemisphärische Kinder empfinden viel Freude dabei, wenn sie durch eigenes Erleben lernen. Außerdem lernen sie auf diese Weise sehr viel schneller. Indem sie sich in einer Farbe herumrollen, können sie sie umfassend erfahren und ihr eine persönliche Bedeutung geben.

Nehmen Sie Stoff oder große Bögen von buntem oder angemaltem Papier, damit sich die Kinder ganz in eine Farbe einrollen können. Bitten Sie die Kinder, sich mit ihrem Gesicht nach unten auf die Farbe zu legen, die Augen zu schließen und sich nun die Farbe vorzustellen. Dann sollen sie sich in der Farbe herumrollen und sich dabei vorstellen, daß ihr ganzer Körper von dieser Farbe umgeben ist. Sagen Sie ihnen mehrmals die Farbe und bitten Sie die Kinder, den Namen der Farbe zu wiederholen. Bitten Sie sie, die Farbe zu riechen und zu schmecken.

Erklären Sie, daß Farben bei uns Gefühle auslösen. Fragen Sie, wie sie sich fühlen, während sie in der Farbe herumrollen.

Wenn die Kinder mit dem Herumrollen fertig sind, sollen sie ein Bild mit ihrer Farbe malen, um ihre Gefühle und Erfahrungen mit dieser Farbe auszudrücken.

FARBEN ESSEN

Jede sensorische Ebene, die Eltern oder Lehrer zusätzlich anregen, stärkt den Lernprozeß. Der Tastsinn und der Geruchsinn sind zwei wichtige sensorische Systeme.

Mit Gelatine in verschiedenen Geschmacks- und Farbnuancen können Sie ein multisensorisches Erlebnis vorbereiten, bei dem man eine Farbe sehen, riechen und schmecken kann. Lassen Sie die Kinder die unterschiedlichen Gelatine-Päckchen öffnen, daran riechen und die Gerüche unterscheiden. Dann sollen die Kinder ihre Augen schließen und die verschiedenen Farben mit ihren jeweiligen Gerüchen visualisieren. Erlauben Sie den Kindern, sich die Gelatine auszusuchen, die sie zubereiten wollen. Wenn die Gelatine sich gesetzt hat, sollen die Kinder mit Plastiklöffeln probieren. Fordern Sie die Kinder mit Nachdruck auf, zu spüren, wie die Gelatine ihren Hals hinunterrutscht. Sie sollen sich vorstellen, daß ihre Körper die Farbe der Gelatine annehmen.

Besorgen Sie ein paar echte Früchte, wenn die Gelatine Fruchtgeschmack hat. In diesem Fall sollen die Kinder sich vorstellen, sie seien die entsprechenden Früchte.

Während der ganzen Aktivität ist es wichtig, daß Sie und die Kinder nach jeder Erfahrung den Namen der Farbe wiederholen.

HAMPELMANN

Das Buchstabieren von Wörtern kann sehr viel Spaß machen, wenn die Kinder es auf dem Spielplatz oder im Sportunterricht lernen und üben können.

Vergewissern Sie sich zunächst, daß die Kinder die Bewegungen eines Hampelmannes ausführen können: Hände über dem Kopf zusammen, während die Beine breit gestellt sind und die Arme auf Schulterhöhe bei geschlossenen Beinen gestreckt sind. Sollte dieser Bewegungsablauf Schwierigkeiten machen, können auch alle möglichen anderen Bewegungen ein-

gesetzt werden, z.B. Hüpfen, Springen, auf Zehenspitzen gehen, Händeklatschen usw.

Schreiben Sie die zu buchstabierenden Wörter auf große Karten, so daß die Kinder sie leicht lesen können. Halten Sie jede Karte vor den Kindern hoch und lassen Sie sie das jeweilige Wort lesen und buchstabieren, **bevor** sie sich dazu bewegen. Anschließend sollen die Kinder so oft wie nötig die Hampelmann-Bewegung machen, um das Wort zu buchstabieren. Das Wort "Baum" erfordert bespielsweise vier Hampelmann-Bewegungen:

Baum

B

a

u

m

Baum

Sie werden staunen, wie schnell die Kinder das Buchstabieren lernen!

SCHREIBEN MIT DER TASCHENLAMPE

Als ich die ersten Male unterrichtete, hatte ich große Schwierigkeiten, die Aufmerksamkeit einiger Kinder auf mich zu lenken. In meiner Verzweiflung nahm ich eine Taschenlampe und warf ihr Licht auf die Stelle, wo ich die Augen der Kinder haben wollte. Die Taschenlampe stellte sich als ein sehr effektives Unterrichtsmittel heraus.

Benutzen Sie die Taschenlampe, um Formen, Zahlen, Buchstaben oder Wörter an die Tafel oder an die Decke zu schreiben. Bitten Sie die Kinder, das Licht mit ihren Augen und mit dem Zeigefinger ihrer rechten Hand zu verfolgen, während sie die Zahl, den Buchstaben oder das Wort nachsprechen.

Diese Übung fordert die Kinder dazu auf, das jeweilige Symbol zu visualisieren und aktiviert durch die Armbewegung gleichzeitig ihr haptisches System.

Für die Vermittlung von Zahlen werfen Sie das Licht der Taschenlampe kurz an die Tafel und die Kinder geben die Anzahl der von ihnen wahrgenommenen Lichtblitze an. Wenn Sie zwei Serien von Lichtblitzen vorgeben, können die Kinder durch diese Methode auch das Addieren üben.

Um das Buchstabieren zu üben, schreiben Sie die Wörter Buchstabe für Buchstabe mit der Taschenlampe an die Tafel. Die Kinder sagen Ihnen dann das ganze Wort.

Mit Hilfe der Taschenlampe können Sie auch das Lesen der Kinder beschleunigen. Schreiben Sie mit Kreide eine Geschichte an die Tafel und gehen sie dann mit dem Licht in der gewünschten Lesegeschwindigkeit die Zeilen entlang.

Die Taschenlampe kann auch für das Lernen von bestimmten Formulierungen und für die Übung der von links nach rechts verlaufenden Schreibweise eingesetzt werden.

100

ZEITSCHRIFTEN-MALEN

Wenn die Kinder gelernt haben, sich beim Lesen auf einzelne Wörter zu konzentrieren, fällt es ihnen oft schwer, den nächsten Schritt zu vollziehen, d.h. über eine Zeile hinweg fließend weiterzulesen.

Das Zeitschriften-Malen wird nicht nur das Wort-für-Wort-Lesen aufheben, sondern auch Probleme mit der Arbeitsrichtung sowie Verdrehungen, Weglassungen und Fixierungen.

Reißen Sie eine Seite aus einer Zeitschrift heraus. Achten Sie darauf, daß die abgedruckten Schriftzeichen möglichst groß sind; sehr gut eignen sich Werbeanzeigen. Die Kinder sollen jetzt alle Vokale der Wörter - ohne Absetzen des Stiftes - bis zum jeweiligen Zeilenende umkreisen. Begrenzen Sie diese Übung auf maximal zehn Minuten.

Diese Methode kann für die Vertiefung jedes Lernstoffes verwendet werden:

1. Umkreise die Buchstaben in der Reihenfolge des Alphabets.

2. Umkreise alle Interpunktionen.

3. Umkreise alle "b's" oder "d's".

4. Umkreise Substantive, Verben, Adjektive.

5. Umkreise Wortfamilien.

6. Umkreise alle Wörter, die Dir bekannt sind.

7. Umkreise alle Buchstaben, die auch in Deinem Namen vorkommen.

8. Umkreise den jeweils ersten Buchstaben jedes Wortes.

GANZE BUCHSTABEN SCHREIBEN

Viele rechtshirnorientierte Kinder haben eine schlechte Handschrift. Sie können die Einzelteile eines Buchstabens nicht richtig zusammenfügen, erinnern sich nicht mehr an seine Form und oft haben sie seine Bezeichnung vergessen, sobald sie ihn aufgeschrieben haben.

Ein kleiner Junge hat dieses Problem sehr treffend formuliert: "Bis ich mich erinnert habe, wie ein Kreis gezeichnet wird, habe ich schon vergessen, wo die Linie entlangläuft - und schließlich weiß ich nicht mehr, was ich überhaupt schreibe!"

Oft hilft es, wenn die Kinder den ganzen Buchstaben schreiben, ohne zwischendurch den Stift vom Papier zu nehmen. Abgesehen davon, daß die bevorzugte Linienführung von oben nach unten verläuft, gibt es keine Festlegung für den Schreibfluß. Hier ein paar Beispiele mit Buchstaben, die den Kindern im allgemeinen am schwersten fallen:

a b d e g h k m n p r u w y y

DIE SCHREIBSCHRIFT

Vielen Kindern fällt der Übergang von der Block- zur Schreibschrift schwer. Sie lernen zwar, die einzelnen Buchstaben in Schreibschrift zu schreiben, können aber die Verbindung zwischen ihnen nicht so herstellen, daß sie das Wort dann auch lesen können. Oder sie sind einfach nicht in der Lage, ein Wort, daß sie in Blockbuchstaben vor sich sehen, in Schreibschrift zu übertragen.

David war sehr schwach in Deutsch und im Schreiben. Er mußte sich je-

den einzelnen Buchstaben ins Gedächtnis rufen, bevor er ein Wort zu Papier brachte. Nachdem er jedoch das in Schreibschrift aneinandergereihte Alphabet beherrschte, konnte er die Blockschrift mühelos in Schreibschrift übertragen - und seine eigene Schrift sogar lesen.

Lassen Sie die Kinder das Schreibschrift-Alphabet drei- bis viermal am Tag schreiben.

BEISPIEL:

Wenn die Kinder das Alphabet in Schreibschrift schreiben, können Sie auf den ersten Blick entdecken, welche Buchstaben noch nicht "sitzen". Lassen Sie diese Buchstaben einzeln üben. Beginnen Sie mit den großen Buchstaben des Alphabets erst, wenn die kleinen Buchstaben verstanden worden sind.

abcdefghijklmnopqrstuvwxyz

SCHREIBEN IN DER LUFT

Da das Schreiben in der Luft das visuelle Modell eines Buchstabens voraussetzt, ist es der Taschenlampen-Übung sehr ähnlich.

Schreiben Sie ein Wort an die Tafel und bitten Sie die Kinder, es laut nachzusprechen. Anschließend sollen sie ihre Augen schließen und das Wort visualisieren. Nun buchstabieren Sie das Wort. Währenddessen ziehen die Kinder jeden einzelnen Buchstaben bei geschlossenen Augen in der Luft nach. Dann sollen sie das Wort so buchstabieren, wie sie es in der Luft schreiben. Als nächstes fordern Sie die Kinder auf, das Wort in ihren Köpfen zu sehen und in Gedanken zu buchstabieren, während sie es in der Luft schreiben. Zum Schluß dürfen sie ihre Augen wieder öffnen und das Wort auf Papier schreiben.

Das Schreiben in der Luft kann zum Lernen von Buchstaben, Wörtern, Zahlen etc. eingesetzt werden.

TAKTILES SCHREIBEN

Taktiles Schreiben setzt Feingefühl in den Fingerspitzen voraus. Es kann jedes Material benutzt werden, das deutliche Strukturen aufweist.

Schreiben Sie die einzelnen Buchstaben eines Wortes auf ein Blatt Papier und legen Sie das Papier unter eine Folie. Lassen Sie jedes Kind mit seinem dominanten Zeigefinger die Linien der Buchstaben nachfahren. Führen Sie die Übung zunächst bei geöffneten und dann bei geschlossenen Augen durch.

Schneiden Sie Buchstaben, Zahlen oder Wörter aus Sandpapier unterschiedlicher Stärke (fein bis extragrob) aus. Lassen Sie die Kinder wiederum mit ihren dominanten Zeigefingern die Konturen nachfahren. Achten Sie darauf, daß jedes Kind die Gelegenheit hat, die verschiedenen Papiergrade zu spüren.

Bilden Sie mit Klebstoff und kleinen Mosaik- oder Glitzersteinchen die Figuren von Zahlen, Buchstaben und Wörtern. Jedes Kind erhält

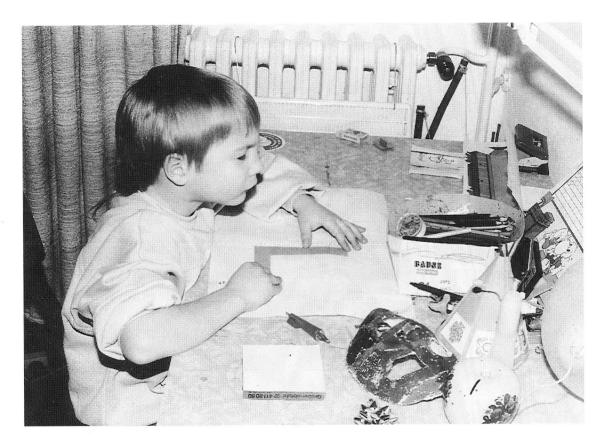

105

eine Figur, die es mit dem Finger ertastet.

Formen Sie aus bunten Pfeifenreinigern Zahlen, Buchstaben und Wörter. Sie können auch Wolle, Reis, Makkaroni usw. benutzen.

Backen Sie Streuselplätzchen in Form von Buchstaben oder Zahlen. Bitten Sie die Kinder, die geformten Buchstaben hinter ihren Rücken zu halten und allein durch Abtasten zu identifizieren. Geben Sie ihnen nacheinander mehrere Buchstaben-Plätzchen in die Hand, so daß ihre Folge zu einem Wort zusammengefügt werden kann.

Auf einem kleinen, mit Sand bedecktem Tablett, können die Kinder nach einer Vorlage Wörter, Buchstaben und Zahlen ziehen.

Lassen Sie zu diesen Übungen einen Kassettenrecorder laufen, um die Kinder auch auditiv zu stimulieren.

FINGERFARBEN

Wenn wir mehr als eines der Stimuli, auf die rechtshirnorientierte Kinder ansprechen, in unsere Unterrichtsmethode einbeziehen, können wir ihnen das Lernen sehr erleichtern. Beispielsweise verdoppeln sich die Lernchancen für das Kind, wenn es bei einer Tätigkeit gleichzeitig durch Farbe und durch taktile Erfahrung stimuliert wird.

Lehrer haben herausgefunden, daß Kinder der ersten Klasse am effektivsten lernen, wenn sie die Wörter, die sie lesen sollen, mit Fingerfarben aufmalen können. Auch diese Methode kann bei allem, was sie vermitteln wollen, angewandt werden.

Diese Variationen verlangen etwas Mut, machen aber noch mehr Spaß:

1. Malen in Schokoladen- oder Vanillepudding .

2. Malen auf Zuckerguß mit verschiedenen Farben und Geschmacks-
   richtungen.

3. Buntgestreifte Zahnpasten oder Rasierschaum eignen sich ebenfalls hervorragend zum Malen!

Eine zugegebenermaßen etwas gewagte, aber dafür sehr effektive Lernerfahrung
erreichen Sie auch mit geschlagener Sahne, Yoghurt, Mayonnaise, Senf, Apfel-
mus, Ketchup ....

WASSERFARBEN

Wenn Sie selbst den Schmutz, den Fingerfarben verursachen, nicht ertragen können, sollten Sie sie auch nicht anwenden. Nehmen Sie einfach Wasser.

Jedes Kind bekommt einen Pinsel und ein kleines Gefäß mit Wasser. Gläser sind zerbrechlich; besser eignen sich Plastik-Yoghurtbecher. Lassen Sie die Kinder ihre Pinselgröße selbst wählen - manche brauchen breite, andere kommen mit ganz feinen gut zurecht.

Die Kinder sollen alles, was Sie unterrichten, durch das Schreiben mit nassem Pinsel an der Tafel üben.

Wenn Sie sehr viel Mut haben (oder übermütig sind), können Sie den Kindern auch Wasser-Spritzpistolen geben und die Wörter an die Tafel "schießen" lassen.

Diese beiden Übungen mit Wasser stimulieren sowohl Vorstellungs- und Erinnerungsvermögen als auch grobmotorische Fähigkeiten.

ZAHNBÜRSTEN

Werfen Sie nie etwas weg! Sie werden staunen, wieviele Abfälle in wirkungsvolle Lehrmaterialien verwandelt werden können. Bewahren Sie daher Ihre alten Garnspulen, Holzwäscheklammern, Kaffeedosen - und ganz besonders Zahnbürsten auf. Sammeln Sie alle alten und neuen Zahnbürsten, die Ihren Weg kreuzen. Sie werden sie für die Stimulation der Haut verwenden können.

An einigen Stellen unseres Körpers liegen viele Nervenzellen direkt unter der Hautoberfläche: an den Wangen, auf dem Handrücken, an der Fußsohle und in der Mitte des Rükkens, zwischen beiden Schulterblättern. Drei von diesen Stellen eignen sich hervorragend, um das haptische System anzuregen.

Nehmen Sie eine Zahnbürste und schreiben Sie damit einen Buchstaben wie "b" oder "d" auf den Rücken des Kindes. Bitten Sie es, Ihnen zu sagen oder aufzuschreiben, was es dabei gefühlt hat. Diese Übung ist besonders hilfreich für die Korrektur der "b"/ "d"-Verwechslung.

Lassen Sie das Kind auf seinen eigenen Handrücken Buchstaben schreiben. Während des Schreibens soll es die Buchstaben laut sprechen.

Verbinden Sie die Symbole von Zahlen und Buchstaben mit der Sprache, indem sie ein Zeichen oder mehrere Zeichen auf die Wange des Kindes schreiben. Bitten Sie das Kind, das Zeichen, das Sie schreiben, zu benennen.

Das Kind soll mit seiner Zunge die Form des Zeichens, das Sie auf seine Hand, seine Wange oder auf seinen Rücken schreiben, in der Luft nachschreiben.

Schreiben Sie Zahlen auf den Rücken des Kindes und bitten Sie es, die Zahlen zu nennen oder Ihnen entsprechend viele Gegenstände zu geben.

Lassen Sie ein Kind Wörter auf den Rücken eines anderen Kindes schreiben. Das zweite Kind soll die Wörter herausfinden.

Ein Kind soll mit einem imaginären Stift ein Bild auf den Rücken eines anderen Kindes malen. Mit einem richtigen Stift malt das zweite Kind das, was es gefühlt hat, auf ein Blatt Papier.

WÖRTER UND FORMEN

Durch die Verwendung von Formen als Basis Ihres Unterrichts nutzen Sie nicht nur das Verständnis des rechten Gehirns für räumliche Beziehungen, sondern erreichen auch eine intensive Verarbeitung des neuen Lernstoffes.

Schneiden Sie buntes Papier in unterschiedlichen Formen aus und schreiben Sie Buchstaben darauf. Sie können dafür auch typographische Buchstaben verwenden. Führen Sie nun neue Wörter ein, indem Sie sie mit den Formen bilden.

BEISPIEL:

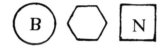

Die Kinder sollen ein Wort buchstabieren und sich dabei die Formen und Buchstaben vorstellen. Wiederholen Sie diese Übung mehrere Male. Mischen Sie dann die Formen und bitten Sie ein Kind,

alle Buchstaben für das Wort "AUTO" herauszusuchen. Bekleben Sie die Rückseiten der Buchstabenformen mit Fixogum oder Klettband, damit sie an der Wand- oder Stofftafel haften.

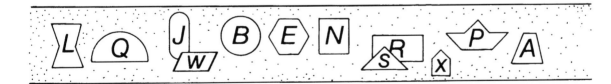

ZAHLEN UND FORMEN

Kindern mit einer stark ausgeprägten rechten Hemisphäre fällt es oft schwer, Gegenstände abzuzählen und einem symbolischen Zahlen-Zeichen zuzuordnen.

Benutzen Sie in diesem Fall Formen, um Zahlen darzustellen:

●= 0   ◁=1   ✌=2   ▼=3   ✖=4   ☆=5

▼▼=6   ✖▼=7   ✖✖=8   ✖☆=9   ☆☆=10

Fordern Sie die Kinder auf, die Ecken an den Formen zu zählen. Sie sollen sich dann vorstellen, welche Form oder welche Gruppe von Formen eine bestimmte Zahl darstellt. Wenn die Form/Symbol-Beziehung verstanden wurde, können die Kinder mit Hilfe der Formen leichte Additionsaufgaben lösen.

BEISPIEL:

$$2 \quad \text{✌}$$
$$+\,3 \quad \text{▼}$$

Lassen Sie die Kinder ihr eigenes Zahlensystem erfinden. Als ich eine zweite Klasse darum bat, erhielt ich einige interessante Beispiele mit Gänseblümchen, Würfeln, Uhren, Pfennigen usw.

Anschließend führte ich die römischen Zahlen ein. Die Kinder, die vorher mit Hilfe ihrer Finger gerechnet hatten, konnten die Aufgaben auf diese Weise lösen.

BEISPIEL:

II + V = VII oder 7

112

LAUTE UND FORMEN

In bestimmten Situationen kommen Kinder nicht umhin, Laute zu lernen. Greifen Sie in einem solchen Fall auf Begriffsbereiche zurück, die den Kindern bereits vertraut sind. Wenn die Kinder beispielsweise gut mit Formen umgehen können, werden sie Laute vielleicht durch die Form des Mundes verstehen.

Rechtshirnorientierte Kinder besitzen oft die Fähigkeit, Laute durch die visuelle Information einer Mundstellung aufzunehmen. Ein "m" wird beispielsweise dadurch gebildet, daß beide Lippen horizontal aufeinandergepreßt werden. Ohne daß dabei ein Geräusch entsteht, weiß das Kind, daß diese Lippenstellung den "m"-Laut verursacht. Die Kinder können bei dieser Methode die Lautunterschiede durch ihre eigenen Lippen-, Zungen- und Mundstellungen wahrnehmen. Diese Methode wird übrigens oft angewandt, um tauben Kindern das Sprechen beizubringen. Die auf Karten abgebildeten Mundstellungen können Sie bei einem Logopäden bestellen oder in Fachgeschäften erhalten.

DOMINOSTEINE UND WÜRFEL

Manchen Kindern fällt es leichter, Zahlensymbole mit einer Punkteanordnung, als mit abzuzählenden Objekten in Beziehung zu bringen. Verwenden Sie Würfel oder Dominosteine. Die Kinder sollen sich die Punkteanordnung für jede Zahl einprägen.

BEISPIEL:

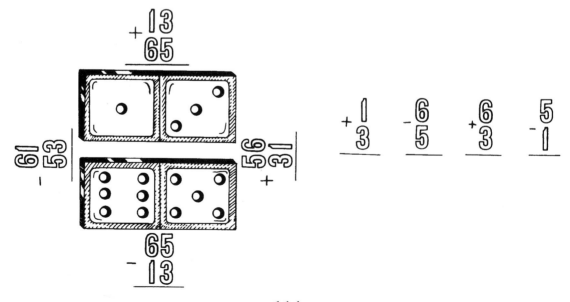

Wenn die Kinder die Anordnung der Punkte beherrschen, bekommen sie Dominosteine oder ein Würfelpaar. Lassen Sie sie alle Rechenaufgaben aufschreiben, die sich aus den Würfelstellungen ergeben. Die Kinder sollen dabei herausfinden, wieviele Aufgaben sie durch die Verwendung von nur zwei Dominosteinen oder einem Paar Würfel stellen können.

114

MUSIK

Viele rechtshemisphärische Kinder lieben den Rhythmus und die Musik. Sie können der Musik zuhören, sie auf ihre Gefühle einwirken lassen und durch Musik ihre Stimmungen und ihre Verhaltensweisen verändern. Sie können sich ganz dem Rhythmus der Musik hingeben und lassen es zu, daß er in ihnen etwas auslöst.

Viele Eltern und Lehrer haben herausgefunden, daß rechtshemisphärische Kinder ihre Hausaufgaben schneller und mit weniger Fehlern erledigen, wenn sie dabei Musik hören. Ebenso bekannt ist die Tatsache, daß Kinder, die während des Lernens von neuem Unterrichtsstoff leichte Hintergrundmusik hören, vorzugsweise im 4/4-Takt, aufnahmefähiger sind, besser denken können und längere Zeit aufmerksam sein können.

In ihrem Buch "Superlearning" berichten Ostrander und Schroeder detailliert über Forschungen und entsprechende Lehrmethoden in diesem Bereich. Dieser Lehransatz zeigt nicht nur bei Kindern, sondern bei Menschen jeden Alters effektive Ergebnisse.

BEWEGUNG UND MUSIK

Rechtshirnorientierte Kinder bewegen sich sehr gern zu Musik. Man erkennt sie daran, daß sie mit ihren Stiften auf dem Tisch ununterbrochen einen Rhythmus klopfen, sich während des Essens oder Gehens im Rhythmus bewegen und auf irgendeine Weise tanzen, sobald sie Musik hören.

Genau das sind die Kinder, die durch eine Kombination von Bewegung und Musik besser lernen als durch Bewegung allein. Verbinden Sie einfach jede Bewegung mit Singen, bezugnehmend auf das, was Sie gerade unterrichten.

Packen Sie ihren Lehrstoff in geläufige Lieder oder begleiten Sie den Lernprozeß mit Musik. Silben können beispielsweise gelernt werden, indem das Kind die einzelnen Silben singt: die erste in einem hohen, die zweite in einem tieferen Ton usw. Dabei schlägt es mit seinen Stift im Takt auf den Tisch. Sogar in den Mathematikunterricht läßt sich das Singen integrieren: lassen Sie die Kinder ihre Additionsaufgaben singen. Dabei kann jede Zahl zusätzlich mit Bewegungen wie Klatschen oder Fingerschnippen kombiniert werden.

GESUNGENE SILBEN

Ältere Kinder sind manchmal schwer zu motivieren, Wörter zu buchstabieren, indem sie sich wie Hampelmänner bewegen, in die Luft schreiben oder irgendeine andere der beschriebenen Methoden anwenden. Oft sind sie aber gerne bereit, singend zu buchstabieren, besonders nach der Melodie eines ihnen bekannten Liedes oder nach der Tonleiter.

Ältere Kinder können mit dieser Methode auch gut arbeiten, wenn sie nur in Gedanken für sich singen. Jüngere Kinder dagegen sollten das Silbensingen am besten in der Gruppe unter Anleitung des Lehrers oder zu Hause mit ihren Eltern üben. Das Singen ist eine weitere Möglichkeit, ein Talent der rechten Hemisphäre mit einer für das Kind schwer zu handhabenden Fähigkeit

der linken Hemisphäre zu verbinden - und damit zu erleichtern.

Im Klassenraum lesen die Kinder lieber als Gruppe laut vor, als einzeln. Dieses gemeinsame Lesen kann man auch Chor-Lesen nennen. Während dieser Übung fallen die Kinder in ein rhythmisches Gesangsmuster, durch das die Fähigkeiten der rechten Gehirnhälfte aktiviert werden. Bei meiner Arbeit mit Kindern habe ich festgestellt, daß gemeinsames lautes Lesen über eine kurze Zeitspanne hinweg die Lesefähigkeit jedes Einzelnen fördert. Zudem ersparen Sie den Kindern den Streß, den sie empfinden, wenn sie alleine vor den anderen Schülern vorlesen müssen. Für Kinder, die eine weitere Vertiefung benötigen, kann während des Chorlesens eine Kassette aufgenommen werden, mit der sie dann selbständig arbeiten können.

Immer wieder muß ich lernen, alles mit anderen Augen zu sehen, die Dinge aus einem neuen Blickwinkel zu betrachten, wenn die mir vertrauten Namen, Fakten und Theorien der Realität nicht mehr entsprechen oder ich ihnen entwachsen bin, sonst würde ich anfangen zu sterben.

Hugh Prather

IV

AUSBLICK

Seitdem ich dieses Buch begann, haben sich viele meiner Vorstellungen verändert oder vielmehr erweitert. Nach wie vor bin ich von der Spezialisierung der Hemisphären und ihrer Bedeutung für die Erziehung überzeugt. Ich halte weiterhin daran fest, daß alternative Lehrmethoden, die Farbe, Bewegung, Vorstellungskraft und eine vom Ganzen zum Teil vordringende Vorgehensweise einbeziehen, das Lernen für unsere Kinder beschleunigen und erleichtern. Aber die Forschung geht rasant weiter. Es öffnen sich neue Türen. Ideen wie die von der Dreigliederung des Gehirns, von kognitiven Wachstumskräften und einem Bewußtsein, das jenseits unseres Vorstellungsvermögens existiert, werden uns einen umfassenderen Einblick in das Wesen des Lernens ermöglichen und zu ganz neuen Ansichten hinführen.

Wir werden anfangen zu verstehen, wie unsere beiden Hemisphären zusammenwirken, um dem Individuum eine holistische Erfassung seiner Umwelt zu vermitteln. Wenn eine der Hemisphären in ihrer Verarbeitungsfähigkeit begrenzt wird, kann das Individuum kein vollständiges Bild erhalten; seine Perspektive ist ebenfalls begrenzt. In dem Maße, in dem unser Wissen über diese Zusammenhänge wächst, werden die in diesem Buch beschriebenen Methoden erneuert und verfeinert werden. Wir werden für diejenigen, die ein stark ausgeprägtes linkes Gehirn haben, Methoden entwickeln, die das rechte Gehirn anregen und stärken.* Und schließlich werden wir in der Lage sein, beide Hemisphären auszubalancieren und damit unser höchstes menschliches Potential entfalten. Dieses Potential ist erreicht, wenn beide Hemisphären ihre gesamte Kapazität ausschöpfen und ihre Informationen zu einem Ganzen zusammenfügen.

Durch die Integration beider Gehirnhälften entsteht eine Intelligenz, die weit größer ist, als die Summe ihrer Teile. Eine Intelligenz, die jenseits der Spezialisierung und jenseits der individuellen Verarbeitungsmechanismen jeder Hemisphäre existiert. Diese Intelligenz ist der unbekannte Faktor. Es ist jene Schöpfungskraft, die erfindet, kreiert und entdeckt. Vielleicht werden wir diesen unfaßbaren Gedanken nicht wirklich verstehen können, aber wir sollten nie aufhören, es zu versuchen. Wir müssen den Kindern unserer Welt die Chance geben, ihre höchsten Gipfel zu erreichen!

*Im gleichen Verlag dazu: Marilee Zdenek, Der kreative Prozeß.

Die Autorin:

Barbara Meister Vitale entwickelt seit 1970 Programme für Schulkinder zum Abbau von Lernschwierigkeiten. Motiviert durch ihre persönliche Erfahrung - sie selbst lernte erst mit zwölf Jahren das Schreiben - hat sie sich auf die Suche nach völlig neuen Lernmethoden begeben.

In ihrem Buch beschreibt die Autorin, was Eltern, Lehrer und Kinder unternehmen können, um die Blockade einer Rechts- oder Linkshirndominanz zu lösen.

Derzeit ist Barbara Meister Vitale in Florida/USA als Beraterin für die Entwicklung einer neuen Grundschuldidaktik tätig, die den Erkenntnissen der Hemisphärenforschung Rechnung trägt.

ENGLISCHSPRACHIGE BÜCHER
ZUR GEHIRN- UND HEMISPHÄRENFORSCHUNG

(Übersetzungen und deutschsprachige Literatur siehe Seite 131)

Ayres, A.J., *Sensory Integration and Learning,* Los Angeles, Western Psych., 1972.

Bandler, Richard, *Frogs Into Princes,* Moab, Utah, Real People Press, 1979.

Blakemore, Colin, *Mechanics of the Mind,* Cambridge, Cambridge University Press, 1977.

Blakeslee, Thomas, *Right Brain,* Garden City, Doubleday, 1980.

Bruner, Jerome S., *Beyond the Information Given,* New York, W.W. Norton and Co., 1973.

Bruner, Jerome S., *On Knowing,* New York, Atheneum, 1973.

Buzan, Tony, *Use Both Sides of Your Brain,* New York, Dutton, 1974.

deQuiros, Julio B. & Schrager, Orlando L., *Neuropsychological Fundamentals in Learning Disabilities,* Novato, Calif., Academic Therapy Pub., 1978.

Dimond, S.J. and Beaumont, J.O., *Hemisphere Function in the Human Brain,* New York, Wiley, 1974.

Edwards, B. *Drawing on the Right Side of the Brain. A Course in Enchancing Creativity and Artistic Confidence,* Los Angeles, J.P. Tarcher, Inc., 1979.

Fadely, Jack and Hosler, Virginia. *Understanding the Alpha Child at Home and School, Left and Right Hemispheric Function in Relation to Personality and Learning,* Springfield, Illinois, Charles C. Thomas, 1979.

Feldenkrais, Moshe. *Body and Mature Behavior,* New York, N.Y., International Universities Press, Inc., 1949.

Feldenkrais, Moshe, *The Case of Nora,* New York, Harper & Row, 1977.

Ferguson, Marilyn. *The Brain Revolution,* Taplinger Publishing Co., 1973.

Fox, Patricia L., *Reading as a Whole Brain Function,* The Reading Teacher, October, 1979.

Gaddes, William H., *Learning Disabilities and Brain Function,* New York, Springer-Verlag, 1980.

Gazzaniga, Michael S., *The Bisected Brain,* New York, Appleton-Century-Crofts, 1970.

Gazzaniga, Michael and LeDoux, Joseph E., *The Integrated Mind,* New York, Plenum Press, 1978.

Geschwind, Norman, *Language and the Brain,* Scientific American, April, 1972.

Gesell, Arnold, Ilg, Frances L., and Ames, Louise Bates, *The Child From Five to Ten,* New York, Harper and Row, 1977.

Goldberg, Hermand K. and Schiffman, Gilbert B., *Dyslexia—Problems of Reading Disabilities,* New York, Grune & Stratton, 1972.

Grady, Michael P. and Luecke, Emily A., *Education and the Brain,* Phi Delta Kappan, 1978.

Gregory, R.L., *Eye and Brain,* McGraw-Hill, New York, 1974.

Hart, Leslie A., *How the Brain Works: A New Understanding of Human Learning, Emotion and Thinking,* New York, Basic Books, Inc. 1975.

Hubel, David H. and others, *The Brain,* A Scientific American Book, San Francisco, W.H. Freeman and Co., 1979.

Kail, Robert, *The Development of Memory in Children,* San Francisco, W.H. Freeman and Co., 1979.

Kelley, E.C., *Education for What is Real,* New York, Harper, 1947.

Leonard, George B., *Education and Ecstasy,* New York, Dell, 1968.

Luria, A.R., *The Working Brain,* New York, Basic Books, Inc., 1973.

Montessori, Maria, *The Absorbant Mind,* New York, Dell Publishing Company, 1967.

Montessori, Maria, *The Discovery of the Child,* Notre Dame, Indiana, Fides Publishers, 1967.

Montessori, Maria, *The Secret of Childhood,* Madras, India; Orient Longmans, Ltd., 1936.

Ornstein, Robert E.; Lee, Philip R.; Galin, David; Deikman, Arthur; Tart, Charles T., *Symposium on Consciousness,* Penguin Books, 1976.

Ornstein, Robert E. *The Nature of Human Consciousness,* San Francisco, W.H. Freeman and Co., 1973.

Ornstein, R.E., *Mind Field,* New York, Grossman, 1976.

Ornstein, Robert E., *The Psychology of Consciousness,* San Francisco, W.H. Freeman, 1972.

Ostrander, S. and Schroeder, L., *Superlearning,* New York, Delacorte Press and the Confucian Press, 1979.

Paivio, Allen, *Imagery and Verbal Processes,* New York, Holt, Rinehart and Winston, 1971.

Pearce, Joseph Chilton, *Exploring the Crack in the Cosmic Egg,* New York, Julian Press, 1974.

Pelletier, K., and Garfield C., *Consciousness East and West,* New York, Harper & Row, 1976.

Penfield, W. and Lamar, R., *Speech and Brain Mechanisms,* Princeton N.J., Princeton Univ. Press, 1959.

Penfield, Wilder, *The Mystery of the Mind,* Princeton, N.J., Princeton Univ. Press, 1975.

Piaget, J. & Inhelder, B., *Memory and Intelligence,* New York, Basic Books, 1973.

Piaget, Jean, *To Understand Is to Invent,* New York, Grossman, 1973.

Pines, Maya, *The Brain Changers,* New York, Signet, 1973.

Prather, Hugh, *Notes to Myself,* Moab, Utah, Real People Press, 1979, New York, Bantam, 1976.

Read, Herbert, *Education Through Art,* Pantheon, 1958, 1974.

Restak, R.M., *The Brain: The Last Frontier,* Garden City, New York, Doubleday, 1979.

Rose, Steven., *The Conscious Brain,* New York, Vintage Books, 1976.

Sagan, Carl, *The Dragons of Eden,* New York, Random House, 1977.

Samples, Bob, *The Metaphoric Mind,* Reading, Massachusetts, Addison-Wesley, 1976.

Segalowitz, S., and Gruber F., *Language Development and Neurological Theory,* New York, Academic Press, 1977.

Silverstein, Alvin and Virginia B., *The Left-Handers World,* New York, Follett Publishing Co., 1977.

Standing, E.E., *The Montessori Revolution in Education,* New York, Random House, 1968.

Springer, Sally and Deutsch, George, *Left Brain, Right Brain,* San Francisco, W.H. Freeman and Company. 1981.

Tarnopol, Lester and Muriel, *Brain Function and Reading Disabilities,* Baltimore, University Park Press, 1977.

Thie, John F., *Touch for Health,* Marina Del Rey, Calif., DeVorss & Co., 1973.

Virshup, Evelyn, *Art and the Right Hemisphere,* Art Education, 1976.

Vygotsky, L.S., *Thought and Language,* Cambridge, Massachusetts, The M.I.T. Press, 1962.

Wittrock, M.C. and others, *The Human Brain,* Englewood Cliffs, New Jersey, Prentice-Hall, Inc., 1977.

ZEITSCHRIFTENVERÖFFENTLICHUNGEN

Bakan, Paul. 1976. "The Right Brain is the Dreamer." *Psychology Today,* November 1976, p. 66-68.

Bakan, Paul. 1969. "Hypnotizability, Laterality of Eye-Movements and Functional Brain Asymmetry." *Perceptual and Motor Skills,* 28:927-32.

Bakan, Paul. 1971. "The Eyes Have It." *Psychology Today,* April 1971, 4(11):64-67.

Bakker, D., Smink, T. and Reitsma, P. 1973. "Early Dominance and Reading Ability." *Cortex,* 9:302-12.

Beaumont, J.G. 1976. "The Cerebral Laterality of 'Minimal Brain Damage' Children." *Cortex,* 12:373-82.

Beckman, Lucile. 1977. "The Use of the Block Design Sub Test of the WISC as an Identifying Instrument for Spatial Children." *Gifted Child Quarterly,* Spring 1977.

Bever, T. and Chiarello, R. 1974. "Cerebral Dominance in Musicians and Nonmusicians." *Science,* 185:537-39.

Brandwein, P. and Orstein, R. 1977. "The Duality of the Mind." *Instructor,* January 1977, Volume LXXXVI, Number 5, p. 54-58.

Brazier, M.A. 1962. "The Analysis of Brain Waves." *Scientific American,* June 1962.

Botkin, A., Schmaltz, L. and Lamb, D. 1977. " 'Overloading' the Left Hemisphere in Right-handed Subjects with Verbal and Motor Tasks." *Neuropsychologia,* 15:591-96.

Buck, Craig. 1976. "Knowing the Left from the Right." *Human Behavior,* June 1976, p. 29-35.

Dacey, Rob. 1975. "Inside the Brain: The Last Great Frontier." *Saturday Review,* August 9, 1975, p. 13.

Damasio, H., Damasio, A. Castro-Caldas, A. and Ferro, J.M. 1976. "Dichotic Listening Pattern in Relation to Interhemispheric Disconnexion." *Neuropsychologia,* 14:247-50.

DeRenzi, E., Faglioni, P. and Previdi, P. 1977. "Spatial Memory and Hemispheric Locus of Lesion." *Cortex,* 13:124-29.

Foster, Suzanne. 1977. "Hemisphere Dominance and the Art Process." *Art Education,* February 1977, p. 28-29.

Franco, L., and R.W. Sperry. 1977(b) "Hemisphere Lateralization for Cognitive Processing of Geometry." *Neuropsychologia,* 15:107-14.

Garrett, Susan V. 1976. "Putting Our Whole Brain to Use: A Fresh Look at the Creative Process." *J. Creat. Behav.,* 10(4): 239-49.

Gazzaniga, Michael S. 1967. "The Split Brain in Man." *Brain and Consciousness,* August, 1967, p. 118-23.

Gazzaniga, Michael S. 1972. "One Brain—Two Minds?" *American Scientist,* May-June 1972, p. 311-17.

Gazzaniga, Michael S. 1975. "Review of the Split Brain." *J. Neurology,* 209:75-79.

Gott, Peggy S. 1973(b). "Cognitive Abilities Following Right and Left Hemispherectomy." *Cortex,* 9:266-73.

Gross, Yigal, R. Franko and I. Lewin. 1978. "Effects of Voluntary Eye Movements on Hemispheric Activity and Choice of Cognitive Mode." *Neuropsychologia,* 16:653-55.

Gur, R.E., R.C. Gur, and L. Harris. 1975(a). "Cerebral Activation, as Measured by Subjects' Lateral Eye Movements, Is Influenced by Experimenter Location." *Neuropsychologia,* 13:35-44.

Gur, R.E., and R.C. Gur. 1977(b). "Sex Differences in the Relations Among Handedness, Sighting-Dominance and Eye-Acuity." *Neuropsychologia,* 15:585-90.

Guyer, B. LaRue and Morton P. Friedman. 1975. "Hemispheric Processing and Cognitive Styles in Learning-Disabled and Normal Children." *Child Development,* September 1975, Volume 46, Number 3, p. 658-668.

Haber, Ralph Norman. 1970. "How We Remember What We See." *Scientific American,* 222(5):104-12.

Hart, Leslie A. 1981. "The Three-Brain Concept and the Classroom," *Phi Delta Kappan,* March 1981, Volume 62, Number 7, p. 504-506.

Hecaen, J., and J. Sauguet. 1971. "Cerebral Dominance in Left-Handed Subjects." *Cortex,* 7:19-48.

Hellige, J., and P. Cox. 1976. "Effects of Concurrent Verbal Memory on Recognition of Stimuli from the Left and Right Visual Fields." *J. Exper. Psych.,* 2(2):210-21.

Hunter, Madeline. 1977. "Right-Brained Kids in Left-Brained Schools." *The Education Digest,* February 1977, p. 8-10.

Ingvar, David H. and Martin S. Schwartz. 1975. "Brain Blood Flow." *Journal of Learning Disabilities,* February 1975, Volume 8, Number 2, p. 26-27.

Kershner, J., and A. Jeng. 1972. "Dual Functional Hemispheric Asymmetry in Visual Perception: Effects of Ocular Dominance and Post-exposural Processes." *Neuropsychologia,* 10:437-45.

Kershner, John R. 1975. "Reading and Laterality Revisted." *J. Spec. Ed.,* 9(3):269-79.

Kershner, John R. 1977(b). "Cerebral Dominance in Disabled Readers, Good Readers, and Gifted Children: Search for a Valid Model." *Child Development,* 48:61-67.

Kimura, Doreen. 1973(a). "The Asymmetry of the Human Brain." *Scientific American,* March 1973, p. 70-78.

Lake, D., and M. Bryden. 1976. "Handedness and Sex Differences in Hemispheric Asymmetry." *Brain and Language,* 3:266-82.

Lansdell, H. 1964. "Sex Differences in Hemispheric Asymmetries of the Human Brain." *Nature,* 203(4944):550.

Lomas, J. and D. Kumura, 1976. "Intrahemispheric Interaction Between Speaking and Sequential Manual Activity." *Neuropsychologia,* 14:23-33.

Luria, A.R. and E.G. Simernitskaya. 1977. "Interhemispheric Relations and the Functions of the Minor Hemisphere." *Neuropsychologia,* 15:175-78.

Marcel, T., L. Katz, and M. Smith. 1974. "Laterality and Reading Proficiency." *Neuropsychologia,* 12:131-39.

Marshall, John C. 1973. "Some Problems and Paradoxes Associated with Recent Accounts of Hemispheric Specialization." *Neuropsychologia,* 11:463-70.

McFarland, K., M.L. McFarland, J.D. Bain, and R. Ashton. 1978. "Ear Differences of Abstract and Concrete Word Recognition." *Neuropsychologia,* 16:555-61.

McNamara, B.E. 1980. Implications of Research on Metamemory. *Academic Therapy,* 1980, 16:133-137.

McNeil, Malcolm R., and C.E. Hamre. 1974. "A Review of Measures of Lateralized Cerebral Hemispheric Functions." *J. Learning Disabilities,* 7(6):51-59.

McGlone, J., and W. Davidson. 1973(a). "The Relationship Between Cerebral Speech Laterality and Spatial Ability with Special Reference to Sex and Hand Preference." *Neuropsychologia,* 11:105-13.

McGlone, J., and A. Kertesz. 1973(b). "Sex Differences in Cerebral Processing of Visuospatial Tasks." *Cortex,* 9:313-20.

McGlone, Jeannette. 1978. "Sex Differences in Functional Brain Asymmetry." *Cortex,* 14:122-28.

Miller, Edgar. 1971. "Handedness and the Pattern of Human Ability." *Br. J. Psychol.,* 62(1):111-12.

Molfese, Dennis L. 1977. "Infant Cerebral Asymmetry." In *Language Development and Neurological Theory.* S. Segalowitz and F. Gruber, eds. New York: Academic Press.

Moore, W.H., Jr. 1976. "Bilateral Tachistoscopic Word Perception of Stutterers and Normal Subjects." *Brain and Language,* 3:434-43.

Morais, Jose and Michele Landercy. 1977. "Listening to Speech While Retaining Music: What Happens to the Right-ear Advantage?" *Brain and Language,* 4:295-308.

Olson, Meredith B. 1977(b). "Right or Left Hemispheric Information Processing in Gifted Students." *The Gifted Child Quarterly,* 21(1):116-21.

Peterson, J., and L. Lansky, 1974. "Left-handedness Among Architects: Some Facts and Speculation." *Perceptual and Motor Skills,* 38:547-50.

Piaget, Jean. 1953. "How Children Form Mathematical Concepts." *Scientific American,* 189:74-79.

Pizzamiglio, L., and M. Cecchini. 1971. "Development of the Hemispheric Dominance in Children from 5 to 10 Years of Age and Their Relations with the Development of Cognitive Processes." *Brain Research,* 31:361-78.

Ray, W., M. Morell, A. Frediani, and D. Tucker. 1976. "Sex Differences and Lateral Specialization of Hemispheric Functioning." *Neuropsychologia,* 14:391-94.

Regelski, Thomas A. 1977. "Music Education and the Human Brain." *The Education Digest,* October 1977.

Rennels, Max R. 1976. "Cerebral Symmetry: An Urgent Concern for Education." *Phi Delta Kappan,* March 1976, Volume 57, Number 7, p. 471-472.

Rizzolatti, G., and H. Buchtel. 1977. "Hemispheric Superiority in Reaction Time to Faces: A Sex Difference." *Cortex,* 13:300-5.

Robbins, K., and D. McAdam, 1974. "Interhemispheric Alpha Asymmetry and Imagery Mode." *Brain and Language,* 1:189-93.

Sackeim, Harold and R. Gur. 1978. "Lateral Asymmetry in Intensity of Emotional Expression." *Neuropsychologia,* 16:473-81.

Sage, Wayne. 1976. "The Split Brain Lab." *Human Behavior,* June 1976, p. 25-28.

Saks, Judith Brody. 1979. "Latest Brain Research Offers Lessons in Learning." *The Executive Educator,* October 1979.

Samples, Bob. 1977. "Mind Cycles and Learning." *Phi Delta Kappan,* May 1977, p. 688-92.

Samples, Robert E. 1975. "Are You Teaching Only One Side of the Brain?" *Learning,* February 1975, p. 25-28.

Springer, S., and M. Gazzaniga. 1975. "Dichotic Testing of Partial and Complete Split Brain Subjects." *Neuropsychologia,* 13:341-46.

Sugishita, Morihiro. 1978. "Mental Association in the Minor Hemisphere of a Commissurotomy Patient." *Neuropsychologia,* 16:229-32.

Thomson, M.E. 1976. "A Comparison of Laterality Effects in Dyslexics and Controls Using Verbal Dichotic Listening Tasks." *Neuropsychologia,*

Tucker, D., R. Roth, B. Arneson, and V. Buckingham. 1977. "Right Hemisphere Activation During Stress." *Neuropsychologia,* 15:697-700.

Walkup, Lewis E. 1965. "Creativity in Science Through Visualization." *Perceptual and Motor Skills,* 21:35-41.

Witelson, Sandra. 1976. "Sex and the Single Hemisphere: Specialization of the Right Hemisphere for Spatial Processing." *Science,* 193:425-26.

Witelson, Sandra F. 1977(a). "Development Dyslexia: Two Right Hemispheres and None Left." *Science,* 195:309-11.

Zaidel, Eran. 1976. "Auditory Vocabulary of the Right Hemisphere Following Brain Bisection or Hemidecortication." *Cortex,* 12:191-211.

LITERATURVERZEICHNIS

Birkenbihl, V. (2000). Das „neue" Stroh im Kopf? Vom Gehirn-Besitzer zum Gehirn-Benutzer.
36. Auflage. Offenbach: GABAL.

Birkenbihl, V. (1997). Stichwort: Schule - Trotz Schule lernen!
11. Auflage. Offenbach: GABAL.

Blakeslee, Th. R. (1988). Das rechte Gehirn. Das Unbewußte und seine schöpferischen Kräfte.
Freiburg i. Br.: Aurum.

Edwards, B. (1988). Garantiert zeichnen lernen.
Reinbek: Rowolth.

Jaynes, J. (1988). Der Ursprung des Bewußtseins durch den Zusammenbruch der bikameralen
Psyche.
Reinbek: Rowolth.

Klampfl-Lehmann, I. (1986). Der Schlüssel zum besseren Gedächtnis.
München/Zürich: Delphin.

Koestler, A. (1966). Der göttliche Funke. Der schöpferische Akt in Kunst und Wissenschaft.
Bern: Scherz.

Lenneberg, E. H. (1973). Biologische Grundlagen der Sprache.
Frankfurt a. M.: Suhrkamp.

Poeck, K. (1982). Klinische Neuropsychologie.
Stuttgart: Thieme.

Rico, G. L. (1984). Garantiert schreiben lernen.
Reinbek: Rowolth.

Springer, S. P., Deutsch, G. (1987). Linkes - rechtes Gehirn. Funktionelle Asymmetrien.
Heidelberg: Spektrum der Wissenschaft.

Ullmann, F., Bierbaum, G. (1984). Nichts vergessen - mehr behalten. Ein Trainingsprogramm.
München: Universitas.

Vester, F. (1978). Denken, Lernen, Vergessen.
Stuttgart: dtv.

Zdenek, M. (1994). Der kreative Prozeß.
Offenbach: GABAL